RÉSEAU

Collection dirigée par Étienne Calais

À la découverte du théâtre

Anne-Marie Bonnabel
Certifiée de Lettres classiques

Marie-Lucile Milhaud
Agrégée de Lettres modernes

ellipses

ISBN 2-7298-0220-7

Préface

À la découverte du théâtre est un manuel à l'usage des enseignants et des élèves. Il peut être utilisé comme un ouvrage de référence, d'accès simple, contenant les notions essentielles sur le théâtre, ou comme un manuel scolaire susceptible de nourrir diverses séquences en classe de français, en Seconde ou en Première.

Produit d'une époque et d'une société déterminées, entretenant avec le sacré et avec le pouvoir des liens particuliers, l'écriture du texte de théâtre est inséparable des conditions de sa production, des espaces où elle se déploie, des corps des acteurs dans lesquels elle s'incarne. Comme toute écriture, elle s'inscrit dans une tradition, et plus que toute autre, elle est tributaire d'un public. Tels sont les fils conducteurs qui ont guidé l'élaboration de cet ouvrage et sa progression.

Le chapitre initial, « Pour lire le texte de théâtre », s'interroge, à travers trois approches, sur les spécificités du texte théâtral, et les questionnements à mettre en œuvre pour le saisir dans sa richesse et sa diversité.

La première partie consacrée à l'histoire du théâtre, part de l'Antiquité pour arriver à l'époque contemporaine, dans le souci de montrer l'évolution des espaces de représentation, la dramaturgie qui en découle, l'histoire partagée des publics, des acteurs et des écrivains : vision d'ensemble d'un genre rattachée à l'histoire littéraire. Le XVIIe siècle y fait l'objet d'un chapitre central et d'une étude plus approfondie, car il nous semble être l'aboutissement d'un héritage de l'Antiquité, du Moyen Âge et de la Renaissance autant que le lieu où s'élaborent toutes les interrogations sur la dramaturgie des siècles à venir.

La seconde partie regroupe des textes autour de trois problématiques articulées selon un parcours diachronique : *la comédie* envisagée sous l'angle de la permanence de certains de ses ressorts, *le personnage tragique* dont les variations débordent l'époque classique, *la mise en scène du discours amoureux* enfin, qui aborde le thème central de toute littérature, celui de l'amour.

Chaque chapitre de cette seconde partie s'accompagne de questions sur les textes et d'exercices d'écriture conformes aux nouveaux programmes.

Pour des raisons liées au format de la collection et pour présenter une certaine variété de textes, nous avons délibérément choisi de les couper. Chaque enseignant se réfèrera selon ses propres choix au texte intégral de l'œuvre évoquée.

Des propositions de lectures personnelles pour les élèves sont signalées à la fin de chaque chapitre de la deuxième partie.

Si chaque chapitre peut être travaillé isolément, il nous paraît néanmoins souhaitable de considérer l'ouvrage comme un tout dont la cohérence réside dans la mise en lumière de l'évolution d'un genre.

Introduction pour lire le texte de théâtre

I. Le dialogue

A. Beaumarchais (1732-1799), *Le Mariage de Figaro* (1784)

Le Mariage de Figaro
Beaumarchais

Le Théâtre représente une chambre à demi démeublée ; un grand fauteuil de malade est au milieu. Figaro, avec une toise mesure le plancher. Suzanne attache à sa tête, devant une glace, le petit bouquet de fleurs d'oranger appelé Chapeau de la Mariée.

FIGARO. — *Dix-neuf pieds sur vingt-six.*
SUZANNE. — *Tiens, Figaro, voilà mon petit chapeau : le trouves-tu mieux ainsi ?*
FIGARO lui prend les mains. — *Sans comparaison, ma charmante. Oh ! que ce joli bouquet virginal, élevé sur la tête d'une belle fille, est doux, le matin des noces, à l'œil amoureux d'un époux !...*
SUZANNE se retire. — *Que mesures-tu donc là, mon fils ?*
FIGARO. — *Je regarde, ma petite Suzanne, si ce beau lit que Monseigneur nous donne aura bonne grâce ici.*
SUZANNE. — *Dans cette chambre ?*
FIGARO. — *Il nous la cède.*
SUZANNE. — *Et moi je n'en veux point.*
FIGARO. — *Pourquoi ?*
SUZANNE. — *Je n'en veux point.*
FIGARO. — *Mais encore ?*
SUZANNE. — *Elle me déplaît.*
FIGARO. — *On dit une raison.*
SUZANNE. — *Si je n'en veux pas dire ?*
FIGARO. — *Oh ! quand elles sont sûres de nous !*

SUZANNE. — Prouver que j'ai raison serait accorder que je puis avoir tort. Es-tu mon serviteur, ou non ?

FIGARO. — Tu prends de l'humeur contre la chambre du château la plus commode, et qui tient le milieu des deux appartements. La nuit, si Madame est incommodée, elle sonnera de son côté ; zeste ! en deux pas tu es chez elle. Monseigneur veut-il quelque chose ? il n'a qu'à tinter du sien ; crac ! en trois sauts me voilà rendu.

SUZANNE. — Fort bien ! mais quand il aura tinté le matin pour te donner quelque bonne et longue commission, zeste ! en deux pas, il est à ma porte, et crac en trois sauts…

FIGARO. — Qu'entendez-vous par ces paroles ?

SUZANNE. — Il faudrait m'écouter tranquillement.

FIGARO. — Eh qu'est-ce qu'il y a ? bon Dieu !

SUZANNE. — Il y a, mon ami, que, las de courtiser les beautés des environs, Monsieur le Comte Almaviva veut rentrer au château, mais non pas chez sa femme ; c'est sur la tienne, entends-tu, qu'il a jeté ses vues, auxquelles il espère que ce logement ne nuira pas. Et c'est ce que le loyal Bazile, honnête agent de ses plaisirs et mon noble maître à chanter, me répète chaque jour, en me donnant leçon.

FIGARO. — Bazile ! ô mon mignon ! si jamais volée de bois vert, appliquée sur une échine, a dûment redressé la moelle épinière à quelqu'un…

SUZANNE. — Tu croyais, bon garçon ! que cette dot qu'on me donne était pour les beaux yeux de ton mérite ?

FIGARO. — J'avais assez fait pour l'espérer.

SUZANNE. — Que les gens d'esprit sont bêtes !

FIGARO. — On le dit.

SUZANNE. — Mais c'est qu'on ne veut pas le croire !

FIGARO. — On a tort.

SUZANNE. — Apprends qu'il la destine à obtenir de moi, secrètement, certain quart d'heure, seul à seule, qu'un ancien droit du Seigneur… Tu sais s'il était triste !

FIGARO. — Je le sais tellement que, si Monsieur le Comte, en se mariant, n'eût pas aboli ce droit honteux, jamais je ne t'eusse épousée dans ses domaines.

SUZANNE. — Hé bien ! s'il l'a détruit, il s'en repent ; et c'est de ta fiancée qu'il veut le racheter en secret aujourd'hui.

FIGARO, se frottant la tête. — *Ma tête s'amollit de surprise, et mon front fertilisé...*

SUZANNE. — *Ne le frotte donc pas !*

FIGARO. — *Quel danger ?*

SUZANNE, riant. — *S'il venait un petit bouton, des gens superstitieux*

FIGARO. — *Tu ris, friponne ! Ah ! s'il y avait moyen d'attraper ce grand trompeur, de le faire donner dans un bon piège, et d'empocher son or !*

SUZANNE. — *De l'intrigue et de l'argent ; te voilà dans ta sphère.*

FIGARO. — *Ce n'est pas la honte qui me retient.*

SUZANNE. — *La crainte ?*

FIGARO. — *Ce n'est rien d'entreprendre une chose dangereuse, mais d'échapper au péril en la menant à bien : car, d'entrer chez quelqu'un la nuit, de lui souffler sa femme et d'y recevoir cent coups de fouet pour la peine, il n'est rien plus aisé ; mille sots coquins l'ont fait. Mais...*

(On sonne de l'intérieur.)

SUZANNE. — *Voilà Madame éveillée ; elle m'a bien recommandé d'être la première à lui parler le matin de mes noces.*

FIGARO. — *Y a-t-il encore quelque chose là-dessous ?*

SUZANNE. — *Le berger dit que cela porte bonheur aux épouses délaissées. Adieu, mon petit Figaro. Rêve à notre affaire.*

FIGARO. — *Pour m'ouvrir l'esprit, donne un petit baiser.*

Suzanne. — À mon amant aujourd'hui ? je t'en souhaite ! Et qu'en dirait demain mon mari ? (Figaro l'embrasse.)

SUZANNE. — *Hé bien ! hé bien !*

FIGARO. — *C'est que tu n'as pas d'idée de mon amour.*

SUZANNE, se défripant. — *Quand cesserez-vous, importun, de m'en parler du matin au soir ?*

FIGARO, mystérieusement. — *Quand je pourrai te le prouver du soir jusqu'au matin.* On sonne une seconde fois.

SUZANNE, de loin, les doigts unis sur sa bouche. — *Voilà votre baiser, Monsieur ; je n'ai plus rien à vous.*

FIGARO court après elle. — *Oh ! mais ce n'est pas ainsi que vous l'avez reçu...*

Acte I, scène 1.

B. Pistes pour la lecture

Le titre exact de la pièce est : *La Folle Journée ou le Mariage de Figaro*. Nous pouvons donc supposer que la pièce respectera l'unité de temps chère aux dramaturges « classiques ». Il s'agit de la première scène : comment le spectateur-lecteur va-t-il être instruit du sujet de la pièce, du lieu, de l'heure où commence l'action, du nom, de l'état, du caractère des principaux personnages ?

1. Premier parcours : une scène d'exposition

L'identité des personnages et le temps de l'action : en cinq répliques, les deux protagonistes se sont nommés, ils sont au matin (l. 6) de leur mariage. Suzanne essaie sa coiffure de noces. Ils font allusion au cadeau de leur maître : ils sont donc domestiques. À partir de la sixième réplique, la symétrie dictera la construction de la scène et tout obéira à ce principe favorisant le rythme endiablé de l'ensemble qu'on étudiera dans la deuxième partie.

Le lieu : il est créé par la didascalie initiale et les paroles des personnages. Figaro mesure un espace réel, celui de la largeur de la scène qui est l'espace scénique. C'est une chambre en plein aménagement, cependant, les répliques qui suivent viennent tripler cet espace, puisque de l'aveu même de Figaro, il « tient le milieu des deux appartements », c'est-à-dire qu'il se situe entre l'appartement de Monseigneur et celui de Madame. L'information dépasse largement l'anecdote : Suzanne a tôt fait de dramatiser ce lieu qui devient le choix stratégique du Maître pour mieux la séduire (l. 29). La lecture de la pièce donnera un autre éclairage à cet espace : il préfigure le jeu de poursuite entre les personnages que la sortie enjouée de Suzanne inaugure déjà.

La didascalie initiale prend une importance capitale à la relecture : la chambre à aménager, le fauteuil, tous les éléments du décor ont une valeur programmatique, au moins pour l'acte I. Chacun de ces objets a une signification qui le déborde et que Suzanne se charge d'affecter négativement (voir l'importance naissante des accessoires dans les dramaturgies du XVIIIe siècle).

Les autres personnages : les portraits du Comte Almaviva (l. 33) et de la Comtesse (l. 80) sont ébauchés. Bazile (l. 37) est également cité : il a le mauvais rôle de pourvoyeur des plaisirs du Comte, et si on a lu *Le Barbier de Séville*, il fait le lien avec cette pièce.

Les destinataires de ces informations : au théâtre les paroles construisent la situation et les personnages que l'absence de narrateur rend difficile à présenter. En même temps que le personnage de Suzanne s'insurge contre la naïveté de Figaro et les prétentions d'Almaviva, Beaumarchais donne aux spectateurs les éléments d'information essentiels pour comprendre l'enjeu d'une action qui se noue très vite ; la complexité de l'intrigue l'impose. On parle de la double destination du texte théâtral. Pour le spectateur, tout est vraisemblable : le bonheur insouciant de Figaro, la méfiance de Suzanne à la fois gaie et lucide

L'affirmation immédiate du genre : le statut social des personnages, le rythme des répliques, le sujet, les didascalies externes et internes*, le registre de langue, les plaisanteries, la course poursuite finale nous situent dans **la comédie**.

2. Deuxième parcours : un dialogue amoureux et une joute verbale

Caractéristiques des répliques et rythme du dialogue : les répliques sont majoritairement courtes, voire très courtes, sur le modèle des stichomythies. On ne peut pas parler ici de tirades, mais quelques répliques sont plus fournies et distribuées à peu près d'égale façon entre les deux personnages à certains moments forts de la scène : par exemple à partir de la l. 22 l'étonnement de Figaro face aux dénégations de Suzanne, puis l'explication de celle-ci, à la l. 33 ; même schéma à l'occasion de l'échange symétrique à propos du droit de cuissage ; enfin réplique plus dense de Figaro quand il évoque un piège possible pour se venger du Comte... mais réplique interrompue par la sonnerie de la Comtesse. Au théâtre rien n'étant laissé au hasard, ce peut être signifiant pour le personnage : Est-il vraiment le meneur de jeu que le spectateur peut attendre ? Un tempo rapide s'installe, favorisé par une circulation de la parole qui privilégie les répétitions terme à terme, la symétrie, les attaques.

Initiative de la parole : Figaro est certes le premier à s'exprimer mais son action est vite ridiculisée par les affirmations de Suzanne. L'égalité de la prise de parole ici est rendue presque nécessaire parce que la scène commence, matin des noces oblige, comme un joli duo d'amour. Mais très vite l'avantage tourne à Suzanne qui interroge (l. 10) la première, fissurant le mur de certitudes de son partenaire.

Dialogue argumentatif et construction des personnages : quand Suzanne accepte enfin d'argumenter son refus, après avoir tenu en haleine Figaro et le spectateur, elle prouve qu'elle a raison. Beaumarchais fait de son personnage une fille d'esprit, peu prompte à s'en laisser conter. Le dialogue amoureux se transforme en duel à fleurets mouchetés. Aussi facilement qu'il allait se laisser berner, Figaro imagine qu'il va se venger d'Almaviva, mais tout reste dans le flou (l. 73). Suzanne est définitivement vainqueur de la confrontation (l. 56) même si la scène se conclut sur le retour du duo d'amour. Figaro est seul en scène pour la dernière réplique. Le spectateur peut conclure qu'il va donner libre cours à son imagination puisque Suzanne le suggère, sans apprécier son efficacité !... (l. 80)

▶ Le texte de théâtre est le lieu d'une énonciation complexe : message échangé entre les personnages, message adressé par l'auteur aux spectateurs, interprétations du metteur en scène et des acteurs.

▶ Pour interroger le dialogue de théâtre

- **Situer la scène dans l'évolution de la pièce : Exposition, dénouement...**
- **Identifier le rôle des didascalies.**
- **Analyser le volume des répliques, la présence ou non de tirades, leur fonction : information, émotion, narration, argumentation, exhortation.**
- **Examiner la distribution et la circulation de la parole, les silences, les interruptions. Y a-t-il un meneur de jeu ? Comment les rapports de force entre les personnages évoluent-ils ?**

II. Le récit

A. Jean-Claude Grumberg, *L'Atelier* (1979)

L'Atelier (1979)
Jean-Claude Grumberg

La nuit

En 1947. L'atelier plongé dans une semi-obscurité. Simone travaille en silence. Devant elle, des bougies ou une lampe à pétrole. Le presseur[1] assis sur sa table de presse attend sans rien faire.

SIMONE. — J'en ai plus pour longtemps...
LE PRESSEUR grogne. — *Personne m'attend...* (Silence)
SIMONE. — Ils donnent toujours pas d'acte de décès, une dame m'a raconté qu'on lui a répondu que l'acte de disparition suffisait. Ça dépend pourquoi... Pour toucher une pension ça suffit pas... Ils nous font toujours remplir de nouveaux papiers, on sait même

1. Le presseur repasse les vêtements confectionnés.

pas à quoi on a droit... Personne ne sait rien... Ils nous jettent d'un bureau à l'autre. (Un temps.) *À force de faire la queue partout on finit par se connaître, on se parle, on se raconte... Ah, les bobards ça y va, ça y va... Y en a qui savent toujours tout... Le pire c'est les mères... Vous aussi vous êtes passé par l'hôtel Lutétia*[1] *?* (Le presseur approuve de la tête.) *On m'avait dit d'y aller tout au début pour avoir des renseignements, quelqu'un qui l'aurait vu, qui... enfin vous savez : les photos, les... bon... J'y étais qu'une fois, j'osais pas m'approcher. Il y a une bonne femme qui m'a agrippée par le bras et qui m'a fourré de force sous les yeux une photo genre distribution des prix, je vois encore le gosse, il avait l'âge de mon grand en culottes courtes, avec une cravate, un livre sous le bras, « le prix d'excellence », elle hurlait : « Il a toujours le prix d'excellence ». Elle voulait pas me lâcher, pourquoi vous pleurez elle répétait, pourquoi vous pleurez, regardez, regardez ils reviennent, ils reviendront tous ; Dieu le veut, Dieu le veut. Alors une autre femme lui a crié dessus et s'est mise à la pousser... On a beau leur dire que pour les enfants c'est sans espoir, elles sont là, elles viennent, elles parlent... Je l'ai revue plusieurs fois dans les bureaux, de plus en plus folle... J'en ai repéré une autre, jamais elle veut faire la queue, madame veut toujours être servie la première, je lui ai dit une fois : « Vous savez, madame, on est toutes comme vous ici, pas la peine de resquiller, du malheur y en a toujours assez pour tout le monde... » À la Préfecture, j'ai rencontré une madame Levit avec un t, celle-là très gentille, une femme bien, elle a vraiment pas eu de chance, son mari a été pris aussi en 43, mais lui, il était même pas juif, vous vous rendez compte, il s'appelait Levit c'est tout... Depuis elle arrête pas de courir : au début pendant la guerre c'était pour prouver qu'il était... Elle cherche le mot exact.*

LE PRESSEUR lui souffle. — *Innocent ?*

Simone approuve.

SIMONE. — Et maintenant comme nous, elle court juste pour savoir ce qu'il est devenu et pour essayer de toucher un petit quelque chose : c'est une femme seule avec trois enfants, elle a pas de métier, elle sait rien faire... (Silence. Le presseur la regarde sans rien dire. Simone reprend.) *Oui, le plus dur c'est de pas savoir, de*

1. L'hôtel Lutétia était le lieu d'accueil au retour des déportés.

penser qu'il est peut-être quelque part perdu, connaissant même plus son nom, se souvenant ni de moi, ni des gosses, ça arrive ça arrive, mais je me dis que même ça ça se soigne avec du temps... L'autre jour je sors du marché et je vois un homme de dos avec un cabas à la main, je sais pas pourquoi, je me suis dit, enfin juste une seconde, J'ai pensé : c'est lui !... Avec un cabas ! C'est drôle parce que lui, même acheter du pain il voulait pas y aller, il allait jamais faire les courses, il aimait pas... Enfin c'est pour dire on pense des fois des... (Un temps.) *Enfin quand même, si à la Préfecture ils veulent pas donner d'acte de décès c'est qu'ils ont encore de l'espoir non, c'est que même eux sont sûrs de rien sinon ils seraient trop heureux de faire les papiers et de classer tous les dossiers pour que tout le monde soit bien en règle et qu'on en parle déjà plus. Voilà j'ai fini.* (Elle lui tend la pièce. Le presseur allume sa lampe pigeon sur la table et commence à repasser.)

Scène 5. Actes Sud-Papiers (1985).

B. Pistes pour la lecture

La scène 5 constitue le centre de la pièce. Chaque scène se passe dans un même lieu : l'atelier de couture, à Paris, au sortir de la Seconde Guerre mondiale. C'est la quotidienneté du travail que le spectateur partage mais les ouvrières racontent aussi en filigrane comment elles ont vécu la guerre.

1. Premier parcours : une très longue tirade face à un partenaire silencieux, dans un registre de langue particulier

Une énonciation caractéristique de l'oral : les phrases interrompues par des points de suspension, les mots isolés, lourds d'implicite, traduisent les hésitations, l'émotion du personnage. De plus, il faut imaginer que Simone est en train de coudre. Pour meubler le silence qui ne manquerait pas de s'installer avec le presseur, Simone parle, et évidemment, elle parle de ses préoccupations du moment. Sans doute sait-elle que le presseur peut les partager. L'ancrage dans le réalisme renforce l'attention et l'intérêt.

Le premier destinataire de ce récit est donc le presseur, pris à témoin. Simone l'interpelle plusieurs fois. Elle passe du *je* au *vous*, au *on* mais aussi au *ils*. Les référents sont très divers : les anonymes qui comme elle vont aux nouvelles des proches disparus pendant la guerre, l'administration que les gens en détresse ne savent pas comment nommer. C'est la confusion énonciative très traditionnelle du langage parlé. La situation de discours n'exige pas les clarifications de l'écrit. Le presseur est en complicité totale avec Simone, il comprend toutes les allusions.

2. Deuxième parcours : rôle et fonction de ce récit

L'évocation d'un hors scène impossible à mettre en scène dans l'économie de la pièce, déplace l'action. Le lieu évoqué ici ancre l'atelier dans l'Histoire.

Le personnage de Simone se construit, il prend de l'épaisseur. L'évocation des scènes récurrentes que vit Simone à l'hôtel Lutétia, la juxtaposition du passé et du présent, fait de ce récit à la fois un récit singulier et un récit itératif. C'est sa force.

Il concentre **plusieurs fonctions**. La double énonciation étant ici pleinement à l'œuvre.

L'information : comment a-t-on conclu à la disparition définitive des déportés qui ne sont pas rentrés ? À la mort des enfants ?

L'émotion : l'anecdotique dit tout de la douleur des mères (« le prix d'excellence »), de leur « folie », Simone oppose la lucidité de la résignation, du moins, pour les autres. Elle raconte tranquillement l'horreur et ce faisant décuple l'émotion. Lorsqu'elle parle d'elle, elle évoque un passé familier, heureux, son mari dans le quotidien. Sa naïveté en devient pathétique.

L'argumentation : tout semble narratif ici, mais la voix de Jean-Claude Grumberg dit le scandale, la détresse, après la séparation et la souffrance inadmissibles, le deuil qui ne peut pas se faire à cause du dérisoire que l'administration ajoute au tragique en « bureaucratisant » la mort qui doit être administrativement déclarée alors qu'elle n'est que trop évidente ; l'attente inutile des femmes n'en est que plus insupportable.

Le récit ici prend en charge la tragédie de l'Holocauste avec d'autant plus d'ampleur que la narratrice dit l'anecdote. C'est l'Histoire vue par ses acteurs les plus humbles, les petites gens, les victimes. Contre toute évidence, Simone dit l'espoir, sans aucune haine.

▸ Pour interroger le récit au théâtre

- **Situer le récit dans la scène et dans l'évolution de la pièce. Qui le fait ? À qui s'adresse-t-il ? Qu'est ce qui le motive ?**
- **Analyser sa valeur : psychologique, informative, descriptive, argumentative.**
- **Identifier sa tonalité : épique, lyrique, comique, tragique, pathétique...**

III. Le corps exhibé

A. Samuel Beckett (1906-1989), *La Dernière Bande* (1960)

La Dernière Bande est le long monologue d'un personnage nommé Krapp. L'extrait reproduit ci-dessous se situe au tout début de la pièce. L'essentiel du texte qui le précède est constitué de plusieurs pages d'indications scéniques destinées au comédien qui doit scrupuleusement les respecter : elles sont aussi importantes que des paroles de personnage tant il est essentiel pour Beckett de montrer que le langage de Krapp est d'abord le langage de son corps.

Ainsi Krapp se construit-il petit à petit devant les yeux du spectateur, à l'occasion d'une scène muette mais non moins éloquente. Tout est signifiant : le décor, composé d'une table, de deux tiroirs et d'un magnétophone, l'aspect du personnage, vieux, sale, en guenilles, sa démarche malaisée, ses gestes répétitifs et très lents, ses soupirs réguliers, son va-et-vient hésitant entre des préoccupations étranges : consommer des bananes, brandir son trousseau de clés et ouvrir des tiroirs. Quand, enfin, il se décide à chercher parmi des bobines magnétiques celle qui l'intéresse, il laisse échapper quelques mots.

La Dernière Bande
Samuel Beckett

KRAPP (avec vivacité). — [...] *Bobine ccinq.* (Il la pose sur la table, referme la boîte trois, la remet avec les autres, reprend la bobine.) *Boîte trrois, bobine ccinq.* (Il se penche sur l'appareil, lève la tête. Avec délectation.) *Bobiiine !* (Sourire heureux. Il se penche, place la bobine sur l'appareil, se frotte les mains.) *Ah !* (Il se penche sur le registre, lit l'inscription en bas de page.) *Maman en paix enfin... Hm... La balle noire...* (Il lève la tête, regarde dans le vide devant lui. Intrigué.) *Balle noire ?...* (Il se penche de nouveau sur le registre, lit.) *La boniche brune...* (Il lève la tête, rêvasse, se penche de nouveau sur le registre, lit.) [...]

Éditions de Minuit.

B. Piste de lecture : le corps en scène

Le discours didascalique déborde largement les paroles incohérentes du personnage. Les outils répertoriés pour lire le théâtre trouvent, ici, leurs limites, le « hors texte » s'avérant plus important que le texte. Une nouvelle conception de la dramaturgie s'y exprime ; Beckett exhibe sur la scène un corps souffrant. Cependant, il est très difficile de savoir où nous sommes, quand, et qui est le personnage qui se déploie avec tant de difficultés et de lenteur. Cela est déconcertant pour le spectateur qui attend d'un début de représentation qu'il ait une valeur expositive.

Le personnage social, avec son état civil, n'intéresse pas Beckett. Krapp est saisi comme un exemplaire de l'homme seul, embarrassé par son corps, investi par des obsessions peu aisément déchiffrables. Il se survit. Dans sa lassitude, il prononce des brides de discours qui laissent entrevoir un passé, des émotions.

Le magnétophone va faire entendre une autre voix. Quelle voix ? Pour quoi faire ? Ce sont les interrogations du spectateur auxquelles la pièce répondra peut-être.

C. Samuel Beckett (1906-1989), *Acte sans paroles* (1957)

Acte sans paroles I est une pièce très courte dont le seul personnage ne prononce pas un mot. Elle est accompagnée d'une partie musicale de John Beckett. Nous reproduisons ci-dessous un extrait du tout début.

Les premiers éléments didascaliques indiquent que le personnage manipule son mouchoir, dans un désert, et sous une très vive lumière. Il semble soumis à une pression invisible, qui l'empêche de fuir dans les coulisses, à des coups de sifflet qui viennent de droite puis de gauche. Chaque fois, il tombe, réfléchit et finalement il décide de rester en scène.

Acte sans paroles I (1957)
Samuel Beckett

[...] Un petit arbre descend des cintres, atterrit. Une seule branche à trois mètres du sol et à la cime une maigre touffe de palmes qui projette une ombre légère.

Il réfléchit toujours.

Coup de sifflet en haut.

Il se retourne, voit l'arbre, réfléchit, va vers l'arbre, s'assied à l'ombre, regarde ses mains.

Des ciseaux de tailleur descendent des cintres, s'immobilisent devant l'arbre à un mètre du sol.

Il regarde toujours ses mains.

Coup de sifflet en haut.

Il lève la tête, voit les ciseaux, réfléchit, [...].

Éditions de Minuit.

D. Pistes de lecture : le triomphe du non-verbal

La pièce est une longue suite de didascalies* qui visent à décrire objectivement ce que doit faire le comédien. On voit ici se mettre en place des variations autour du même acte : le personnage ne va jamais se libérer de ce qui lui tombe du ciel, il cherchera, comme dans cet extrait, à utiliser les accessoires étranges qui lui sont envoyés. Et le spectateur va le regarder se débattre, répéter inlassablement le même comportement.

L'absurde est d'autant plus tragique ici qu'il s'exprime par une pantomime dérisoire. Cette dramaturgie minimale est, pour Beckett, l'expression la plus épurée mais aussi paradoxalement la plus concrète du désespoir de la condition humaine.

> ▸ **Lire le texte est la démarche qui doit rester première, l'utilisation mécanique d'outils de lecture ne saurait être systématiquement opératoire.**
>
> ▸ **Le texte de théâtre est écrit, pour un public, dans une dramaturgie spécifique, une esthétique particulière, à une époque qui lui impose un espace scénique déterminé. C'est pourquoi, il est nécessaire de découvrir dans quels contextes les œuvres s'inscrivent, et d'avoir des aperçus sur l'histoire du théâtre.**
>
> ▸ **Dans les replis d'un texte de théâtre, il y a un espace et des corps d'acteurs qui vont endosser la chair des mots.**

Lectures personnelles conseillées

Beaumarchais, *Le Barbier de Séville* et *Le Mariage de Figaro*
Jean-Claude Grumberg, *L'Atelier*

Première partie
Histoire du théâtre

I. L'Antiquité

Il apparaît nécessaire de traiter séparément le théâtre grec et le théâtre latin, car si le théâtre latin hérite largement du théâtre grec, il y introduit des modifications significatives qui préparent l'évolution ultérieure du théâtre.

I. Naissance du théâtre dans le monde grec

A. Une architecture spécifique

1. À l'origine

La Grèce antique a créé le tout premier lieu théâtral d'occident. C'est un espace circulaire autour d'un autel rond en pierre, la *tymèlé*. La procession en l'honneur de Dionysos y venait offrir au dieu un sacrifice animal, et c'est vraisemblablement là l'origine du théâtre, comme le prouve l'étymologie des mots comédie qui signifie *chant de la procession* et tragédie qui signifie probablement *chant du bouc*.

À partir du VIIe siècle av. J.-C. les théâtres proprement dits vont se construire autour de la *tymèlé*. Ils ne seront jamais des constructions isolées, mais seront toujours partie intégrante d'un sanctuaire.

2. L'orchestra

L'espace circulaire central (voir croquis p. 31) en terre battue d'environ vingt mètres de diamètre, appelé **orchestra**, est réservé au **chœur**. Le **chœur** désigne un groupe d'hommes appelés **choreutes**, 15 pour les tragédies et 24 pour les comédies, alternant des parties chantées et dansées et des parties dialoguées avec les acteurs par l'intermédiaire du **coryphée**, sorte de chef du chœur[1].

Le chœur entre au début de la représentation, ou juste après le prologue, et en sort à la toute fin par les deux espaces latéraux ménagés entre les gradins et la scène, les *parodoi.* Le chœur arrive par la gauche au moment du *parodos*[2], et se retire par la droite au moment de *l'exodos*[3]. Aujourd'hui encore c'est le sens traditionnel des entrées et sorties des acteurs sur une scène de théâtre ; l'inverser, c'est signifier que le personnage remonte le temps.

3. La scène

Les acteurs, quant à eux, évoluent sur le *proskénion,* qui correspond à ce que nous nommons aujourd'hui la **scène**. C'est une longue estrade assez étroite, adossée à une construction rectangulaire très allongée, la *skéné.*

Le mur de la *skéné* ou mur de scène, servait de support à des décors qui apparaîtront plus tardivement ou à des machineries sommaires. Il était percé de trois ouvertures par lesquelles les acteurs quittaient et regagnaient l'intérieur du bâtiment à usage de coulisses. Le mur de scène, avec sa haute ouverture centrale, appelée *porte royale,* réservée aux acteurs figurant le roi ou le grand prêtre, et ses deux petites ouvertures latérales pour les

---

1. Rappelons que le mot français orchestre désigne à la fois le groupe de musiciens et son emplacement entre la salle et la scène, d'où l'expression fosse d'orchestre lorsque les musiciens, comme à l'opéra, s'installent très en contrebas de la scène.
2. Chant d'entrée du chœur.
3. Chant de sortie et de fin.

autres acteurs, renvoyait l'image d'un mur de palais ou de temple. Ainsi était créée l'illusion d'un hors scène où les personnages continueraient dans l'intimité des chambres du palais à vivre leur vie. C'est dans ce prétendu palais que Jocaste se pend et qu'Œdipe se crève les yeux dans la tragédie de Sophocle *Œdipe Roi*.

4. Les gradins

Généralement adossés au flanc d'une colline, les gradins sont disposés en demi cercle ouvert à 240 degrés : c'est le *théatron*, étymologiquement le *lieu d'où l'on regarde*. Au premier rang, bien au centre, un siège tranche sur l'uniformité des gradins, c'est la place du grand prêtre de Dionysos.

À partir du IVe siècle av. J.-C., les théâtres, d'abord en bois, sont construits en pierre. Le théâtre d'Épidaure est le témoignage le plus parfaitement conservé de ce que pouvaient être les théâtres grecs de l'époque classique. Épidaure contient jusqu'à 14 000 spectateurs. L'acoustique, obtenue par des calculs compliqués qui restent encore mystérieux, autour du nombre d'or, est stupéfiante, comme en témoigne la fameuse expérience de l'allumette craquée au centre de l'orchestra et entendue du dernier gradin.

B. Les conditions de représentation

La structure même de l'architecture des théâtres grecs nous permet de relier l'origine du théâtre au culte religieux. Les conditions de représentation nous confirment que le théâtre en Grèce antique est **une pratique à la fois religieuse et citoyenne**.

1. Les fêtes religieuses et l'organisation des concours

Les représentations théâtrales avaient lieu, sous la présidence du grand prêtre, lors des fêtes consacrées à Dionysos, spécialement lors des grandes Dionysies. Tout comme les jeux sportifs, elles étaient organisées par les magistrats de la cité sous forme de concours.

Ces magistrats commençaient par désigner des citoyens riches, appelés en grec *chorèges*, qui avaient pour mission de constituer, financer et équiper un chœur de *choreutes* choisis parmi les simples citoyens.

Il revenait à l'auteur de s'inscrire auprès de l'*archonte*[1] et de demander que lui soit attribué un chœur. Une fois retenu par l'archonte, l'auteur devait faire répéter les *choreutes*, un travail de metteur en scène en quelque sorte. L'*archonte* choisissait l'acteur principal ou *protagoniste* qui avait lui-même sous ses ordres un ou deux acteurs[2]. Les « équipes » une fois constituées, on préparait activement les représentations.

2. Le déroulement des épreuves

Les grandes dionysies duraient plusieurs jours pendant lesquels se déroulaient la procession et les concours de **dithyrambes** (poésie lyrique consacrée à Dionysos), de comédies et tragédies. À la fin des concours avait lieu le jugement prononcé par dix juges tirés au sort parmi les citoyens et assis à des places réservées. Trois prix étaient attribués à la comédie et trois à la tragédie. Ils allaient à l'auteur, au chorège et au protagoniste. Les prix consistaient en une simple couronne de lierre.

On mesure, à travers cette organisation, l'implication de la cité et des citoyens dans ces représentations théâtrales fortement ritualisées qui tiennent plus de la cérémonie que du spectacle. On donne en effet le nom de **liturgie**, c'est-à-dire de **service public**, à la charge supportée par le chorège qui en tant que citoyen riche paye ainsi une sorte de super impôt. Le terme de liturgie a aussi

---

1. L'archonte est un des magistrats les plus importants de la cité.
2. Rappelons que les acteurs étaient exclusivement des hommes.

une acception religieuse ; il signifie alors culte institué par une Église. Les deux sens du mot liturgie rendent ainsi bien compte de l'essence du théâtre dans la Grèce antique.

3. Du côté des spectateurs

Les spectateurs assistaient aux représentations du lever au coucher du soleil : quatre ou cinq pièces d'affilée, avec une courte interruption entre chaque pièce. En effet les auteurs présentaient des **trilogies**[1] concernant le plus souvent la même histoire de famille, comme l'Orestie d'Eschyle par exemple, et des **tétratologies**[2], si l'on y inclut le **drame satyrique**[3]. Il est certain que pour d'aussi longues séances, les spectateurs apportaient de quoi boire et de quoi manger. On lançait des olives, des figues. On sait également qu'il existait une sorte de police du théâtre, qui munie de baguettes, intervenait à chaque désordre. Il semble à peu près sûr que les femmes, les enfants et même les esclaves étaient admis sur les gradins les plus hauts.

On peut s'imaginer cette foule diverse, dans une atmosphère de kermesse, assistant en quelques jours à l'audition de plus de quinze pièces, et s'interroger sur ce qui animait alors ces spectateurs. Quand on sait que la majorité d'entre eux connaissait pour les avoir étudiées à l'école, dans Homère, toutes les histoires qui leur étaient contées dans le théâtre, on mesure bien que l'intrigue de la pièce n'était pour rien dans l'intérêt qu'ils prenaient au spectacle. Ce sont donc là des spectateurs d'un genre inhabituel pour nous, que **le rituel religieux et civique** auquel appartenait le théâtre, rendait en quelque sorte acteurs d'une cérémonie totale où chacun avait sa place.

---

1. Trois tragédies.
2. Quatre pièces.
3. Sorte d'intermède bouffon, évoquant les danses phalliques des processions originelles, avec des personnages déguisés en satyres.

C. Du rituel à l'œuvre d'art

1. La naissance des genres

Comment est-on passé de la procession dionysiaque où bacchantes et bacchants[1] chantent des chants phalliques et dansent frénétiquement, aux grandes pièces qui ont traversé le temps et qui sont toujours jouées et parfois transposées comme l'*Électre* ou l'*Antigone* de Sophocle ? On peut supposer qu'au cours des chants, un participant se détachait du groupe et, montant sur une estrade, improvisait un passage en soliste ou amorçait un dialogue avec le groupe, instaurant la présence d'un acteur face au chœur. C'est le sens du mot *hypocritès,* acteur en grec, qui signifie littéralement celui qui répond. Voilà l'explication du mot français hypocrite, celui qui joue un rôle et ne dit pas la vérité.

Les premiers dialogues de théâtre sont écrits par Thespis vers 530 av. J.-C. Au cours des VIe et Ve siècles, un deuxième, puis un troisième acteur seront inventés. On pense que les acteurs ne seront jamais plus nombreux, chacun d'eux interprétant plusieurs personnages, ce que rendait parfaitement possible le port du masque.

Au IVe siècle av. J.-C., Aristote, philosophe grec, auteur de *La Poétique* qui sera l'ouvrage de référence des dramaturges classiques, définit le genre théâtral comme une **imitation de l'action**[2], par opposition au récit. Il théorise la différence des genres tragiques et comiques, différence parfaitement perceptible dans l'organisation des concours.

---

1. Prêtres et prêtresses de Bacchus, nom latin de Dionysos.
2. Il la baptise mimésis*.

2. La comédie

Pour Aristote, la comédie est une « imitation d'hommes sans grande vertu[1] ». Elle apparaît plus tardivement que la tragédie, ses transformations depuis ses origines paraissent moins connues. Le grand auteur comique est **Aristophane** (450-386 av. J.-C.) qui écrit des pièces satiriques sur ses contemporains, notamment Socrate dans *Les Nuées.*

À cette *comédie ancienne* au comique très politique, volontiers grossier et farcesque, **Ménandre** (340-292 av. J.-C.) substituera *la comédie nouvelle,* comédie de mœurs avec une intrigue plus complexe.

3. La tragédie

Pour Aristote, la tragédie est « l'imitation d'hommes nobles », « c'est une imitation faite par des personnages en action et non par le moyen d'une narration[2] ».

Elle est représentée par trois grand noms, **Eschyle** (525-456 av. J.-C.), **Sophocle** (496-405 av. J.-C.), et **Euripide** (485-406 av. J.-C.). Tous les trois puisent leurs sujets à la source des grand mythes grecs et interrogent la condition humaine face à la fatalité. C'est chez Euripide que le drame vécu par les personnages devient le plus humain et que le thème religieux est le moins présent[3].

✓ *La tragédie et le mythe*

Le tragique est enraciné dans le mythe, mot qui vient du grec et signifie récit. Le mythe peut être considéré comme un récit qui porte les grandes inquiétudes et les grandes interrogations de l'homme. Si le mythe apparaît foisonnant, désordonné, incohérent parfois, c'est qu'il ne prétend pas répondre aux questions que

---

1. p. 108, Livre de Poche, 1449 a.
2. *Ibid.*, 1449 b.
3. Se reporter à l'ouvrage Réseau consacré au tragique.

l'homme se pose ni ordonner l'univers. C'est de là que vient sans doute son universalité. Les acteurs grandis par leurs *cothurnes*[1], le corps dissimulé par une grande robe aux manches longues, le visage masqué, incarnent ces grandes figures mythiques qui apparaissent aux citoyens de l'âge classique (VIe et Ve siècles) aussi éloignées dans le temps qu'elles le sont dans l'espace puisqu'elles occupent à l'autre bout du théâtre une scène qui leur est réservée.

✓ *La tragédie et le citoyen*

On remarque que l'époque de la grande tragédie en Grèce, l'époque des Eschyle, Sophocle, Euripide, est très courte — moins d'un siècle — et correspond à l'élaboration de la pensée juridique dans la cité. Le monde légendaire porté sur la scène constitue le passé de la cité. La tragédie crée une tension entre le passé et de nouveaux modes de pensée et de comportement qui sont en train de naître. La tragédie met ainsi en lumière la lutte entre des conceptions divergeantes du droit et de la justice.

Ainsi la tragédie prend ses distances par rapport aux héros mythiques qu'elle peut remettre en question. « Elle confronte les valeurs héroïques, les représentations religieuses anciennes, avec les modes de pensée nouveaux qui marquent l'avènement du droit dans le cadre de la cité[2]. » Dans la période où s'écrivent les plus grandes tragédies grecques, ces conflits de valeur sont douloureusement vécus dans la conscience du citoyen en quête d'un nouvel équilibre.

4. Le chœur

✓ *Un médiateur*

La dualité de l'espace, partagé entre la scène proprement dite et l'orchestra, se retrouve dans les deux éléments constitutifs de la

---

1. Chaussures à semelles très épaisses.
2. *Mythe et tragédie en Grèce ancienne.* Jean-Pierre Vernant et Pierre Vidal Nacquet. François Maspéro, p. 16.

dramaturgie, les acteurs et le chœur, et dans la structure même de la tragédie qui repose sur l'alternance de parties dialoguées et de parties chantées.

Le chœur est donc placé entre les gradins et la scène en position d'intermédiaire entre les acteurs et les spectateurs. Il est témoin des événements qui se déroulent sous ses yeux ou sont rapportés par le messager. Il réagit face à ces événements, exprime ses sentiments, s'apitoie sur le sort du héros, commente l'action. Il est un porte-parole, un interprète des pensées des spectateurs. N'oublions pas que les choreutes ne sont pas des acteurs professionnels, mais de simples citoyens. De surcroît, le chœur fonctionne comme un personnage collectif qui dit tantôt « nous » et tantôt « je » et qui représente, face aux héros fortement individualisés, la voix anonyme de la collectivité. D'ailleurs le chœur met le plus souvent en scène des gens simples, jeunes filles porteuses de libations dans *les Choéphores*, vieillards dans *Agamemnon*, *Ajax* ou *Antigone*, auxquels le peuple pouvait facilement s 'identifier.

Le chœur permettait également aux acteurs de se changer en coulisses.

✓ Chœur et spectacle total

Le chœur n'est pas qu'une parole, il allie la déclamation des vers à la danse et au chant, c'est le spectacle total dont rêvera Wagner. Le chant du chœur est composé de parties symétriques, les **strophes** et les **antistrophes**, qui correspondaient peut-être à des évolutions chorégraphiques du chœur vers la droite puis vers la gauche.

✓ Chœur et catharsis*

Le chœur devient un instrument privilégié de la catharsis dans la mesure où, témoin impuissant, il ne fait qu'exprimer sa pitié et sa frayeur, les émotions mêmes qui selon Aristote, sont provoquées par la tragédie et dont le spectateur doit se purifier, se décharger.

Le chœur verbalise ce que les spectateurs gardent en eux, à la fois leurs sentiments et leurs interrogations. En effet, il arrive que le chœur ne parvienne pas à prendre parti ; il suit souvent l'avis du dernier qui a parlé. Ses revirements d'opinion traduisent ses hésitations et ses questionnements.

✓ *La disparition du chœur*

À partir du IVe siècle, l'importance du chœur décroît ; l'époque romaine en parachèvera la chute.

Au XVIe siècle la tragédie française de la Renaissance reprendra le chœur antique tandis que Shakespeare le réinterprétera sous la forme d'un personnage unique ou confiera au bouffon un rôle équivalent.

Lorsque les tragédies classiques du XVIIe siècle s'inspireront des pièces antiques, il n'y aura plus trace du chœur. Le confident assumera alors le dialogue avec le personnage. L'individualisme a définitivement fait taire la voix collective.

II. Dans le monde romain

A. Des origines diverses

Le théâtre latin ne tire pas son origine de pratiques sacrées. Art sans doute importé d'Étrurie, indissociable de la musique et de la danse, c'est la **satura**, sorte de pot pourri, un peu semblable à nos revues de music hall, faisant se succéder des sortes de sketches sans lien.

La comédie latine sera aussi fortement marquée par **l'atellane,** courte farce originaire de la région de Naples, qui, avec son nombre limité de personnages types, est une des origines de la *commedia dell'arte*[1]. La tragédie latine, elle, sera davantage influencée par le théâtre grec.

B. Une architecture remodelée

Le théâtre romain, assez tardif puisque les premiers construits en bois datent de 146 av. J.-C. et ceux en pierre de 54 av. J.-C., modifie l'architecture du théâtre grec. L'orchestra n'est plus circulaire, mais semi-circulaire (voir croquis p. 31). Le chœur s'installe sur la scène agrandie et l'orchestra devient un emplacement réservé aux sièges des sénateurs. Le mur de scène peut atteindre 40 mètres. Aussi haut que les derniers gradins, il dissimule le paysage qui se profilait derrière les théâtres grecs. Ce mur ou *front de scène* était richement décoré de statues. Un grand voile, *velum,* était étendu au dessus du public. Conçu pour protéger le public des intempéries et améliorer l'acoustique, il isole le spectateurs du monde réel, tout comme le mur de scène.

Le théâtre antique d'Orange qui date du Ier siècle ap. J.-C. est le plus beau vestige de l'architecture romaine de théâtre. Il a retrouvé au XIXe siècle sa fonction dramatique, perpétuée de nos jours encore par les « chorégies ».

C. Une dramaturgie modifiée

1. L'invention du monologue

Le chœur grec n'a plus sa place dans le théâtre romain. Réduit à une **fonction ornementale,** il ne vient plus en scène que pour les chants. Privé de la possibilité de dialoguer avec le chœur, le personnage est amené à parler seul en scène, qu'il s'agisse de donner des éléments d'information aux spectateurs ou d'exposer ses états d'âme. Le théâtre latin a inventé le monologue.

---

1. Se reporter au chap. II de la 1re partie.

2. Un acteur complet

L'alternance de parties chantées et de parties dansées impose à l'acteur, outre des talents déclamatoires, des qualités de chanteur et des performances physiques. L'acteur porte un costume codé en fonction du personnage qu'il interprète, le maquillage remplace souvent le masque.

3. Les auteurs

On connaît surtout les auteurs de comédies du second siècle av. J.-C. **Plaute** (250-180 av. J.-C.) et **Térence** (185-160 av. J.-C.). Molière leur empruntera largement intrigues, situations et types comiques (cf. chap. I de la 2e partie).

La tragédie était très prisée des Romains de la République et de l'Empire, mais la plupart des textes ont été perdus et seul **Sénèque** (4-65 ap. J.-C.) nous est bien connu. À la Renaissance, où les pièces grecques ne sont pas faciles d'accès et encore mal connues, Sénèque représente le modèle de la pièce à l'antique[1].

1. Se reporter au chap. II de la 1re partie.

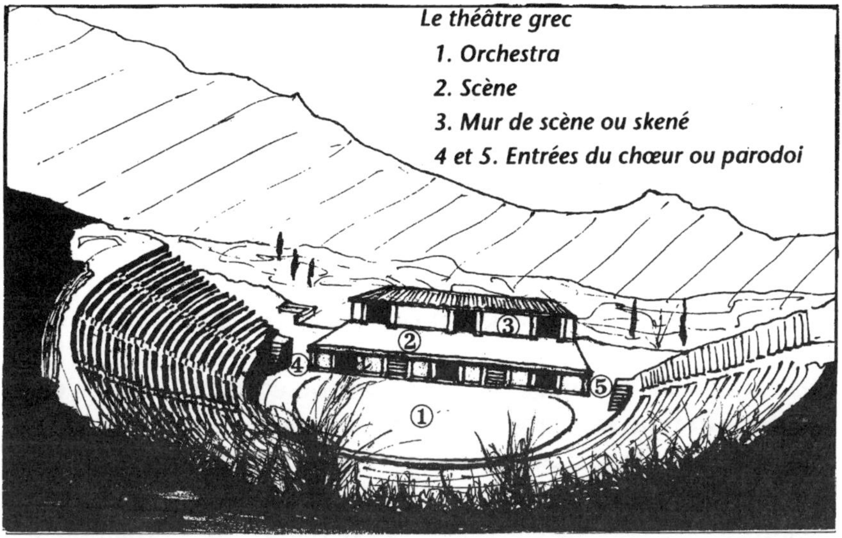

Le théâtre grec

1. Orchestra
2. Scène
3. Mur de scène ou skené
4 et 5. Entrées du chœur ou parodoi

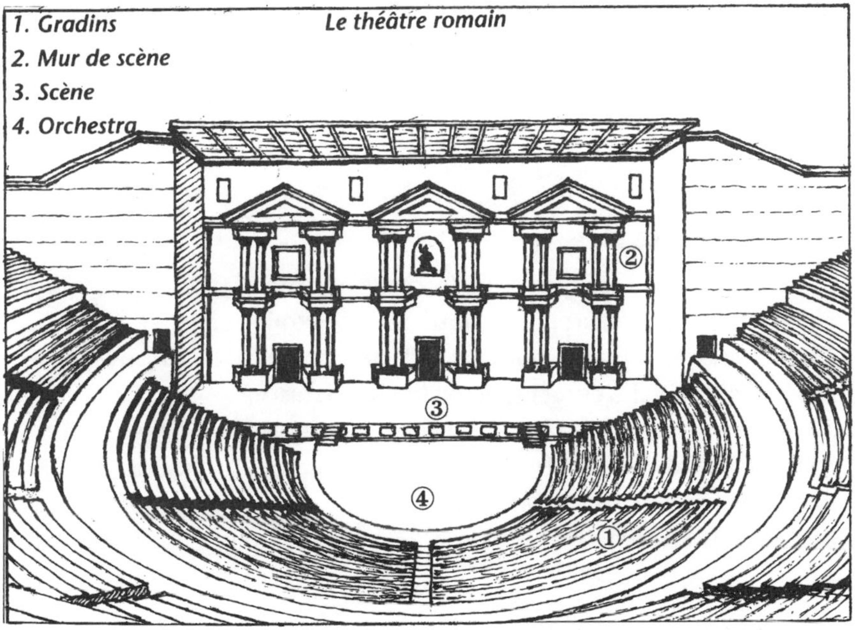

Le théâtre romain

1. Gradins
2. Mur de scène
3. Scène
4. Orchestra

II. Le théâtre en Europe des origines au XVIe siècle

I. Émergence du théâtre au Moyen Âge

Il est difficile de se faire une idée précise et détaillée de ce que fut le théâtre durant cette longue période de dix siècles, du Ve au XVe siècle compris. Les textes et l'iconographie qui ont été conservés sont en nombre limité, mais nous permettent néanmoins de nous faire une idée des origines et de l'évolution de ce que l'on regroupe sous le terme de théâtre médiéval. Pour clarifier notre approche, il est utile de distinguer d'une part, le **théâtre religieux** et d'autre part, le **théâtre profane**, même si ces deux formes ont vraisemblablement presque toujours coexisté.

A. Le théâtre religieux

1. Les origines

Le Moyen Âge baigne dans le christianisme. C'est l'Église qui à ce moment de l'Histoire, a pour rôle d'expliquer le monde. De même que le théâtre antique est né du culte de Dionysos, le théâtre médiéval s'enracine dans le christianisme.

En France, **le drame liturgique** est la première manifestation de notre théâtre. Il s'agit d'une mise en scène rudimentaire des passages les plus marquants de l'Évangile, comme l'adoration des bergers ou l'arrivée des Rois mages par exemple. Peu à peu des passages dialogués sont insérés dans les textes évangéliques[1]. Ainsi dans le récit qui retrace les paroles de l'ange annonçant aux femmes regroupées autour du tombeau vide, la résurrection du Christ, on a découpé les demandes des femmes et les réponses de l'ange pour obtenir un dialogue de théâtre.

On ne peut pas encore parler de théâtre proprement dit, mais de cérémonies qui portent en elles des caractéristiques théâtrales. L'espace de l'église constitue l'aire de jeu, les clercs[2] sont les acteurs. Quant aux « spectateurs », ce sont les fidèles qui participent à ces célébrations dans une communion totale avec les officiants. On comprend tout l'intérêt que le clergé pouvait porter à la dramatisation de la liturgie[3]. Interprétés ainsi, les textes sacrés touchaient davantage les fidèles rassemblés dans l'église et parlaient mieux à l'imagination populaire que ne l'aurait fait une simple lecture.

2. L'évolution du théâtre religieux

Les drames liturgiques qui restent des variations naïves au sein de la cérémonie religieuse, évolueront vers des forme plus élaborées : les **miracles,** joués surtout au XIVe siècle, supplantés par les **mistères**[4] particulièrement vivants au XVe siècle.

Les **miracles** sont la mise en scène d'un fait merveilleux produit par l'intervention d'un saint ou plus souvent de la Sainte Vierge. On en a conservé une quarantaine.

---

1. On appelle tropes ces variations sur les textes sacrés.
2. Les clercs sont les membres du clergé, prêtres et moines, au Moyen Âge, les seules personnes instruites.
3. Ensemble des textes et des rites qui constituent la cérémonie religieuse.
4. L'orthographe du mot *mistère* prouve qu'il n'a pas de parenté étymologique avec le mot *mystère*. Il vient de *ministerium* et a le sens de célébration, puis de représentation, non de chose secrète. Tardivement les deux mots se sont confondus et on trouve également le mot *mystère* écrit avec *y* pour désigner les représentations théâtrales du Moyen Âge.

Les **mistères** sont des pièces plus longues que les miracles, les sujets en sont plus variés et ils mettent en œuvre des dispositifs importants et complexes.

3. Un espace scénique original

La représentation est sortie de l'église, elle s'est installée sur les parvis, puis sur les places ou dans les rues. Elle a donc lieu en plein air et se caractérise par des aires de jeu multiples, les **mansions**[1]. Trois mansions constituent le décor minimal de tout mistère : le paradis avec le chœur des anges, l'enfer avec celui des démons et la terre. On peut trouver jusqu'à onze lieux représentés simultanément. Ces mansions sont situées sur un même plan, ou logées à des hauteurs différentes sur les échafauds dressés pour le public.

Il faut donc s'imaginer ces représentations se déroulant simultanément sur des espaces contigus, figurant des lieux aussi éloignés que Rome et Jérusalem par exemple. Les acteurs passaient d'une mansion à une autre ou restaient en place pendant qu'une autre scène se jouait sur une autre mansion. Cet espace scénique particulier renvoie à la peinture et à la sculpture médiévales qui juxtaposent sur un même plan des scènes différentes. Il implique un type de théâtre qui ne cherche pas à créer l'illusion théâtrale. Des metteurs en scène contemporains, dans leur remise en question du théâtre illusionniste*, s'inspireront pour leurs scénographies*, des mansions médiévales.

On ne mesure pas toujours les proportions de ces théâtres de rue. À ce sujet, il faut citer *le mistère de la Passion* joué à Valenciennes en 1547, dont on a conservé plusieurs documents qui permettent de se faire une idée assez précise de la représentation. L'ensemble du dispositif[2] a quarante-huit mètres de long, dix-huit de large et douze de haut. La machinerie n'est pas absente. Des

1. Doublet médiéval de maison.
2. Appelé encore « hourd ».

peaux de mouton, mues par un treuil figurent la mer, le sol recouvert de gazon dissimule des trappes : « on y voyait la vérité et les anges descendre de bien haut ; [...] de l'enfer Lucifer s'eslevait sans qu'on vist comment, porté sur un dragon[1]. »

B. Le théâtre profane

Le théâtre profane n'est pas exactement synonyme de **théâtre comique**, même s'il est le plus souvent de nature comique. Il prend au Moyen Âge plusieurs formes et on lui prête diverses origines.

1. Des origines populaires

Déjà dans le théâtre d'inspiration religieuse, on trouve **des traces de comique grossier**. Ainsi dans la miniature de Fouquet[2] représentant *le martyre de sainte Apolline*, on aperçoit un bouffon qui montre son derrière. Pour reposer l'attention du public et pour le divertir, il est très vraisemblable que les parties soutenues et tragiques alternaient avec des moments burlesques. Avec le temps, les parties profanes et bouffonnes se sont développées, donnant peu à peu lieu à des représentations séparées.

Une autre origine est à chercher dans **les fêtes du carnaval** où le déguisement, les masques, les échanges de rôles, sont propices à la satire de la hiérarchie. Des corporations, comme celle de la *basoche*[3], tout particulièrement les étudiants, se produisent sur les places publiques ou dans les cours des parlements. Des **tableaux vivants**, des **pantomimes**[4] ou des **parodies de procès** sont

1. Henri d'Outrement, *Histoire de la ville et comté de Valentiennes*.
2. Jean Fouquet, peintre et miniaturiste français du XVe siècle, a peint une scène de théâtre où est représentée sainte Apolline subissant le martyre.
3. La basoche est une corporation judiciaire comprenant les procureurs, les greffiers, les avocats, et les étudiants en droit.
4. Jeux gestuels sans paroles.

montrés. Les **confréries**[1] des fous, des innocents, des sots, et diverses **assemblées joyeuses** se retrouvent dès le haut Moyen Âge, mêlées aux drames sacrés. L'Église les expulsera pour leur extravagance. On voit combien ces activités ludiques intégrées à la vie médiévale préparent l'apparition du théâtre satirique et comique.

Enfin **les jongleurs** perpétuent la tradition des mimes latins. Certains, tolérés par l'Église, chantent les hauts faits des princes, d'autres sont accusés de « mettre à nu leur corps de façon honteuse », ou de « changer la forme et la figure de leur corps par des gestes et des danses indécents[2] ».

2. Des formes variées

✓ *Les jeux*

Les plus anciens sont encore d'inspiration religieuse, mais à partir du XIIIe siècle ils constituent un répertoire uniquement profane, mettant en scène des personnages du commun, drôles dans leur naïveté, souvent bernés par de plus malins qu'eux. Les jeux sont accompagnés de musique, de chants et de danse.

✓ *Les sermons joyeux et les monologues*

Ils tournent en dérision les sermons sérieux ou se moquent d'un type social détesté comme le soldat du roi redouté dans les campagnes et montré comme un lâche et un fanfaron.

✓ *Les farces*

On en connaît une cinquantaine, composées au XVe siècle et au début du XVI . À l'origine, elles étaient sans doute intégrées à des mistères. Leur nom vient de ce qu'elles étaient placées au milieu de scènes sérieuses, pour divertir le public. Les plus anciennes se limitent à un échange d'injures et de coups entre deux

---

1. Les confréries sont des associations de laïques qui se regroupent pour accomplir des actes de piété ou de charité.
2. Extrait d'une *somme de pénitence* du XIIIe siècle.

personnages Ce sont les ancêtres des bastonnades et de Guignol. Elles s'apparentent à la parade de foire[1]. Les scènes de ménage, comme dans *La farce du cuvier*, les benêts ridiculisés, comme dans *Maître Mimin étudiant*, ou le trompeur trompé, comme dans la célèbre *Farce de Maître Pathelin*, constituent les principaux ressorts du comique.

✓ ***Les soties***

Leur nom vient des **sots** : personnages qui cachent sous leur apparente sottise ou folie, une grande lucidité qui leur permet de dénoncer des personnalités importantes comme le roi, ses ministres, le pape ou ses prélats. Il s'agit là d'un théâtre essentiellement satirique qui fera l'objet d'une censure sévère.

Le théâtre profane médiéval, même s'il reste mal connu, apparaît divers, riche, inventif. Il reconduit certains types comiques déjà présents dans le théâtre latin et porte en lui les germes qui nourriront la comédie de Molière à Jarry, en passant par les personnages de *fous* du théâtre de Shakespeare, sans oublier la veine satirique dont *Les Guignols de l'Info* sont la version médiatisée d'aujourd'hui.

C. Les conditions de représentation

1. L'organisation des mistères

Lorsque le théâtre sort des églises, l'organisation des spectacles est prise en charge par la bourgeoisie des villes avec la bénédiction du clergé qui verse une petite participation financière. Le meneur de jeu, notable ou riche marchand, s'occupe de l'organisation matérielle du spectacle, mais aussi de son aspect artistique.

Les spectateurs sont extrêmement nombreux, jusqu'à quatre vingt mille sur les vingt-cinq journées que durent les mistères les plus longs.

---

1. Exhibition burlesque dans les rues et surtout sur les foires.

En se développant, les représentations manifestent de plus en plus la puissance de la classe bourgeoise. C'est surtout dans le passage d'un théâtre sacré à un théâtre profane que cette nouvelle classe sociale trouve le moyen de s'affirmer et de s'affranchir de la tutelle de l'Église.

Au spectacle unitaire qui mêle toutes les classes sociales se substituent peu à peu des spectacles de classe qui excluent la plèbe[1]. Les places payantes apparaissent au XVe siècle. Moins chères pour le parterre, plus chères sur les gradins ou dans les échafauds, elles préludent aux distinctions sociales dans les rangs des spectateurs.

2. L'acteur : de l'officiant au comédien professionnel

Au Moyen Âge, seuls les hommes jouent et tiennent les rôles de femmes.

Les clercs qui officient au sein de l'église, ou les bourgeois des villes qui participent aux grandes représentations des mistères, ne sont pas des professionnels du théâtre, pas plus que les membres des diverses confréries qui ont tous un métier et ne se produisent qu'occasionnellement[2].

À la fin du XVe siècle, certains de ces acteurs amateurs deviennent comédiens professionnels. L'Église ne les juge plus dignes d'enseigner et de représenter les mystères de la foi. L'écart entre l'essence religieuse du théâtre médiéval et la méfiance, l'hostilité même que l'Église nourrit à l'encontre des comédiens s'explique par l'évolution du théâtre du sacré vers le profane, et l'évolution de « l'acteur » du fidèle au comédien de profession.

---

1. La plèbe est constituée des classes sociales les plus défavorisées, manants, serfs, manœuvres.
2. La confrérie de La Passion est la plus célèbre des confréries pour ses activités théâtrales. Elle achète au XVIe siècle une partie de l'Hôtel de Bourgogne, le premier théâtre de Paris.

L'opprobre du clergé pèsera longtemps sur les comédiens[1] et ira jusqu'à leur excommunication.

II. Le développement du théâtre en Europe

Pour comprendre l'évolution de l'architecture et de la dramaturgie théâtrales, deux réalités intimement liées, il faut évoquer, au moins succinctement, les pays d'Europe où se développent au cours du XVIe siècle des formes spécifiques dont l'importance et l'influence furent immenses. Il s'agit de la **comedia** espagnole, du **théâtre élisabéthain** avec le grand Shakespeare en Angleterre, et de la **commedia dell'arte** en Italie.

A. Le théâtre du Siècle d'or espagnol[2]

1. Le corral

Comme en France, au Moyen Âge, le théâtre en Espagne est lié au rituel religieux. Le jour de la Fête-Dieu, des chars, chariots roulants ou plates formes portées à dos d'hommes, défilent dans de grandes processions. Sur ces chars, prennent place des tableaux vivants représentant des scènes bibliques. Le char est alors une sorte de scène mobile qui sera utilisée surtout pour les **auto sacramentales**[3].

La comédie est d'abord jouée dans les cours intérieures des maisons ou des auberges. Aménagées pour devenir des lieux de représentation, elles deviennent les **corrals**[4] (voir croquis p. 44). Le corral est une sorte de compromis entre un théâtre construit et une scène sur tréteaux en plein air. Les aires de jeu simultanées,

1. On connaît les conditions de l'enterrement de Molière qui fut inhumé chrétiennement sur ordre de Louis XIV, contre la volonté du clergé.
2. Le Siècle d'Or espagnol couvre la fin du XVIe et le début du XVIIe siècle.
3. Voir *infra* le § 2.
4. En espagnol, le mot signifie enclos, basse-cour.

l'absence de décors laissent une grande liberté à l'imagination. La scène s'avance, entourée de trois côtés par les spectateurs, créant ainsi un rapport de proximité entre les acteurs et le public.

2. Les grands dramaturges. L'auto sacramental et la comedia

Le Siècle d'or espagnol voit naître des auteurs de théâtre nombreux et très féconds, qui eurent un énorme succès. Les plus grands sont **Lope De Vega** (1562-1635), **Calderón**[1] (1600-1681), **Cervantes** (1547-1616), surtout connu pour son roman *Don Quichotte,* et **Tirso De Molina** (1536-1600) à qui Molière empruntera le sujet de Dom Juan. On attribuerait à Lope De Vega mille huit cents pièces !

Ces auteurs écrivent des **comedias,** un genre inclassable qui mêle le comique, le sérieux, le tragique.

La plupart des auteurs de comedias ont également écrit des **autos sacramentales.**

Auto signifie acte, c'est la même étymologie que le français action. Les thèmes religieux de l'auto sacramental l'apparentent aux mistères, mais il est très vite assimilé à une représentation théâtrale et quitte les processions et les places publiques pour être joué dans les corrales par des troupes d'acteurs professionnels.

B. Du côté de l'Angleterre élisabéthaine[2]

1. Architecture

De sa naissance dans les cours d'auberge, le théâtre élisabéthain va conserver le principe de tréteaux à ciel ouvert, adossés à un mur de fond. Les deux autres murs sont équipés de galeries couvertes pour les spectateurs les plus aisés, tandis que le public populaire se tient debout autour de la scène (voir croquis

---

1. Se reporter à Calderón, *La Vie est un songe,* « Résonances », Ellipses, 1996.
2. On désigne ainsi la courte période de 1558 à 1642 qui commence avec le règne d'Elisabeth Ire et se termine avec la prise du pouvoir par Cromwell qui ferme les théâtres.

p. 45). On remarque que l'espace théâtral propose plusieurs aires de jeu, les acteurs utilisant la scène dans sa profondeur.

Les théâtres publics sont nombreux. À Londres, le plus célèbre, **le Théâtre du Globe**[1], fut le théâtre de Shakespeare.

2. Le drame élisabéthain

Au grand **Shakespeare** (1564-1616), s'ajoutent les noms de ses contemporains **Marlowe, Ben Jonhson, Cyril Tourneur** pour ne citer que les plus connus.

Comme nous l'avons dit, la dramaturgie est influencée par l'espace scénique. La lumière du jour n'impose pas le découpage en actes que rendra inévitable la nécessité de changer les bougies dans une salle noire. La proximité avec les spectateurs génère de fréquentes adresses* au public, les différentes aires de jeu permettent l'étalement de l'action dans l'espace et dans le temps. L'absence de décors sert un théâtre qui ne cherche pas l'illusion réaliste et laisse la primauté à la parole du dramaturge qui transporte l'imagination des spectateurs. Enfin, le drame élisabéthain, héritier des formes moyenâgeuses ne sépare pas les genres comique et tragique. Son public socialement très diversifié, s'accommodait parfaitement de ce mélange des genres. Il faut se l'imaginer, là encore, bruyant, indiscipliné, allant et venant, mangeant et manifestant son enthousiasme. La durée des pièces de Shakespeare qui nous paraît aujourd'hui parfois excessive, était vraisemblablement très adaptée au mode de fonctionnement de son public.

Les acteurs sont des professionnels. Dans une grande tradition que perpétuera Molière, l'auteur est souvent chef de troupe et comédien. Tous les rôles sont, là encore, tenus par des hommes.

---

1. Il ne reste de tous ces théâtres que des documents iconographiques. Le théâtre du Globe a été reconstitué à son emplacement d'origine et peut être visité actuellement.

C. Le cas particulier de l'Italie

1. Les origines

Au XVe siècle en Italie, un courant populaire fait émerger la **commedia dell'arte.** Issue peut-être des bonimenteurs de foire, elle se caractérise par de courtes improvisations basées sur la vie quotidienne. Elle se joue dans les rues, sur des tréteaux. On y retrouve les personnages typiques du valet balourd, du soldat fanfaron, du vieillard amoureux.

2. L'épanouissement

Au XVIe siècle, la **commedia dell'arte** va se développer et se propager de façon étonnante. Les comédiens se constituent en troupes structurées[1]. Le chef de troupe réunit sous son autorité une douzaine de comédiens spécialisés dans des rôles bien définis, vieillards ou barbons, valets, jeunes premières et jeunes premiers entre autres. Pour la première fois sur les scènes européennes, on trouve des femmes sur scène. Les troupes sont itinérantes, elles se produisent chez les Grands et dans les villes, de plus en plus souvent dans des théâtres en dur. L'improvisation est toujours de rigueur. Seul un grossier canevas, dont les acteurs prennent rapidement connaissance, sert de fil conducteur à la représentation.

L'intérêt principal de ce spectacle tient aux formidables performances d'acteurs sur lesquelles ils reposent. Acrobates, inventifs, les Comédiens Italiens, qui jouent masqués sauf pour les rôles de jeunes premiers, innovent dans un jeu très physique où abondent les *lazzi*[2]. Leur talent incomparable les rendra célèbres dans toute l'Europe.

---

1. Rappelons qu'*arte* en italien signifie métier. Il s'agit donc bien de comédiens professionnels.
2. Les *lazzi* sont des jeux de scène muets ou dialogués insérés dans la trame du canevas. Certains se répétant avec quelques variantes passèrent au répertoire traditionnel.

3. Un rayonnement considérable

Invités par la reine Marie de Médicis, à la fin du XVIe siècle, les Comédiens Italiens font dès lors partie du paysage théâtral français. La barrière de la langue ne les empêche pas de bénéficier d'un engouement considérable du public français. Ils introduiront d'ailleurs peu à peu le français dans leur canevas. Ils occupent la salle du Petit Bourbon qu'ils partagent avec la troupe de Molière à partir de 1668.

D. Retour en France

Les Comédiens Italiens n'occupent pas à eux seuls les scènes françaises. Le XVIe siècle voit apparaître les **pièces humanistes**. Correspondant au goût renouvelé à la Renaissance pour la tradition antique, elles s'inspirent essentiellement de Sénèque pour les **tragédies** et de Térence pour les **comédies**[1].

On se souviendra des noms de **Théodore de Bèze** (1519-1615), **Jean de La Péruse** (1529-1554), **Étienne Jodelle** (1532-1573), **Robert Garnier** (1544-1590) pour la tragédie et de **Odet de Turnèbe** (1552-1581) pour la comédie. Ces pièces de théâtre ne seront que très peu jouées sur les scènes françaises. Présentées devant un public de lettrés, dans des hôtels particuliers ou des collèges aménagés pour l'occasion, elles ont quelque peu sombré dans l'oubli. Elles sont aujourd'hui redécouvertes et nous permettent de ne pas oublier qu'à côté des formes théâtrales plus populaires que nous avons évoquées, il a toujours existé un théâtre savant qui se produisait dans des pièces d'habitation privées ou dans quelques théâtres alliant un lieu fermé et des tréteaux hérités du Moyen Âge.

---

1. Se reporter au chap. I de la 1re partie.

1. Spectateurs debout
2. Spectateurs assis
3. Scène
Le corral espagnol
③
②
①

Le théâtre élisabéthain

1. Spectateurs debout
2. Spectateurs assis
3. Scène qui s'avance dans le public

III. De l'esthétique baroque à la dramaturgie classique

Le XVIIe siècle voit s'affirmer le théâtre profane dans sa dimension sociale et littéraire. Le pouvoir royal y contribue largement malgré l'opposition continue de l'Église.

Le théâtre a lieu dans les collèges, à la Cour, tandis qu'en ville, apparaissent des salles fixes dont l'architecture se complexifie en hauteur, profondeur, coulisses, techniques scénographiques, pour favoriser la perspective et rendre plus complète l'illusion*.

Les dramaturges français sont d'abord très influencés par la **comedia** espagnole. Hardy, Rotrou, Corneille et Molière empruntent au théâtre espagnol et souvent l'adaptent. On appellera « baroque[1] » cette esthétique qui, à partir de 1640 environ, laissera la place à des œuvres plus régulières, obéissant à des principes que la postérité regroupera sous l'étiquette « classicisme », mais dont certaines se singularisent par leur tendance « galante[2] ».

---

1. Du portugais *barroco,* ce mot désigne dès le XVIe siècle, en joaillerie, des perles irrégulières. À la fin du XIXe siècle, la critique d'art allemande l'emploie à propos de l'architecture de certains pays européens aux XVIe, XVIIe, et XVIIIe siècles, qui se caractérise par une exubérance de l'ornementation et une grande liberté des formes. Par extension, au début du XXe siècle, on nomme *baroque* la littérature qui – de la fin du XVIe au XVIIe siècle – présente les mêmes aspects.
2. « Aussi bien dans le petit monde de la Cour qu'à la ville se développent ainsi deux esthétiques complémentaires : l'une faite de régularité, et l'autre, qui ne la contredit pas mais ne s'y soumet pas étroitement non plus, l'esthétique "galante" (c'est le terme d'époque) », p. 196, *Le théâtre en France des origines à nos jours,* sous la direction d'Alain Viala, PUF.

I. Le théâtre dans la société du XVIIe siècle

A. L'opposition de l'Église

La tradition catholique est hostile aux comédiens et à la représentation théâtrale — on l'a déjà vu — jusques et y compris quand il s'agit de sujets religieux.

Selon les théologiens — exception faite des jésuites — le spectacle des passions humaines est contraire à la morale chrétienne et dangereuse pour l'acteur et le spectateur qui vivent l'illusion de la réalité et l'identification aux personnages. Les querelles se poursuivent jusqu'à la fin du siècle et au-delà, malgré la proclamation royale du 16 avril 1641 qui réhabilite les comédiens.

L'influence du parti dévot et de Mme de Maintenon sur Louis XIV — qui cesse d'aller au théâtre à la fin de son règne —, le durcissement de l'Église à l'égard du théâtre, n'empêcheront pas le triomphe de celui-ci grâce à un public de plus en plus varié et nombreux.

B. Le mécénat royal

1. Le rôle décisif de Richelieu

Le ministre Richelieu, arrivé au pouvoir en 1624, va s'entourer d'auteurs dramatiques (dont Corneille), par souci d'élaborer un théâtre politique qui renforce l'unité nationale contre les ambitions de l'aristocratie, provinciale notamment. Il fait construire dans son palais (aujourd'hui, le Palais-Royal) un très beau théâtre qui, de 1641 à 1674, ne cessera d'être perfectionné (voir II.C., p. 52). Dès 1635, les troupes du Marais et de l'Hôtel de Bourgogne sont « subventionnées », l'Académie française est créée qui contribuera largement à assurer la légitimité de l'art dramatique. Le théâtre devient une affaire de professionnels.

2. Le théâtre à la gloire de Louis XIV

Après Mazarin qui privilégia l'opéra, et surtout l'opéra italien, Louis XIV poursuivit l'œuvre de Richelieu.

Louis XIV, en particulier, a le goût du faste et du grand spectacle. Au Palais-Royal, mais aussi à Versailles, le Roi fait donner des fêtes somptueuses. Les divertissements royaux comportent musique, ballet, comédie, tragédie ; et si le Roi assiste à des représentations dans ses palais, il ne déteste pas se rendre au Théâtre du Marais ou à l'Hôtel de Bourgogne dont il aide les troupes par des pensions, créant ainsi une sorte de mécénat d'état.

3. Les troupes professionnelles

À partir de 1630, la plupart des troupes deviennent permanentes. Elles s'organisent autour d'un chef, le plus souvent interprète lui-même et vivent de la recette des spectacles. Outre les comédiens, elles comprennent, comme aujourd'hui, des techniciens, moucheurs de chandelles, musiciens, contrôleurs, décorateurs, mais aussi quelquefois un auteur attitré. Grâce au mécénat royal et aristocratique, les troupes vivent confortablement sans cesser de rivaliser et de se concurrencer.

L'Hôtel de Bourgogne était dévolu depuis 1629 aux **Comédiens du Roi** qu'on appela ensuite **les Grands Comédiens**. Parmi eux, la postérité a retenu Montfleury qui fut essentiellement tragédien. Chez les actrices, citons La Champmeslé, qui joua Hermione, Bérénice et Phèdre et La Du Parc. Les comédiens, quittant une troupe pour une autre, souvent sur ordre royal, influencent le répertoire : ainsi Jodelet, Turlupin, Gros-Guillaume, Gaulthier-Garguille assurent le succès de la farce à l'Hôtel de Bourgogne.

Le Théâtre du Marais joue Corneille et finit par se spécialiser dans les grandes pièces à machines.

Les Italiens sont présents à Paris depuis le XVIe siècle[1]. Domenico Biancolelli joue avec beaucoup de succès Arlequin. L'influence de la commedia dell'arte est considérable sur les dramaturges français.

La troupe de Molière à son retour à Paris en 1658, partage avec les Italiens le Petit-Bourbon, puis le Palais-Royal. Elle devient en 1665 la **Troupe du Roi** et à ce titre elle est pensionnée. À la mort de Molière, elle s'installe au Théâtre Guénégaud (1673) où la troupe du Marais la rejoint.

4. La naissance de la Comédie-Française

En **1680** une ordonnance royale fait fusionner la troupe de l'Hôtel de Bourgogne et celle du Théâtre Guénégaud : la Comédie-Française est née, dirigée depuis lors comme une institution d'État. La salle du Palais-Royal, consacrée à l'opéra, est confiée à Lully ; celle de l'Hôtel de Bourgogne, aux Comédiens Italiens.

C. Le public

En dehors du public de la Cour qui se presse aux divertissements royaux, mais aussi à la comédie, à la comédie-ballet, à la tragédie, aux pièces à machines, dans les vastes salles ou les jardins des palais de Fontainebleau, de Versailles, et du Louvre, les publics se distinguent et se fondent à la fois.

1. Le public populaire

La « farce » et le « mistère » continuent à être joués dans la rue pour le public populaire — auquel pouvaient se mêler quelques bourgeois et même des nobles. On retrouve ce même public à l'Hôtel de Bourgogne, quand ce dernier était le seul théâtre fixe à

---

1. Ils quitteront la France en 1697 sur ordre de Louis XIV qui ne les autorise pas à jouer *La Fausse Prude* ; cette pièce aurait été injurieuse pour Mme de Maintenon. Mais ils reviendront en 1716, dirigés par Luigi Riccoboni.

Paris, au parterre, debout, très indiscipliné, mangeant, vociférant, en venant facilement aux mains, sans se préoccuper de ce que font ou disent les comédiens.

2. Les « honnêtes gens »

Le public le plus nombreux est composé d'une aristocratie et d'une bourgeoisie riches, assez cultivées sans être extrêmement savantes. C'est le public des « honnêtes gens » pour lesquels Molière écrit. Il sera de plus en plus exigeant et finira par créer le « bon goût » que les auteurs ménageront à travers les règles et les bienséances.

3. Les doctes

Le public des doctes se regroupe autour des collèges jésuites dans lesquels la pratique du théâtre participe à la formation du goût, du jugement, et de la morale des jeunes élèves. Très savant, il engagera la dramaturgie dans l'imitation des modèles antiques sans négliger l'apport des « machines », des jeux scéniques et de la musique.

4. Le public mêlé

Tous ces publics se rapprochent dans le succès du ballet qui n'est pas exclusivement réservé aux palais royaux. Dès 1630, le Théâtre du Marais en présente et Molière, inventant la comédie-ballet (cf. *Le Bourgeois gentilhomme*[1]), va satisfaire à la fois la Cour et le public populaire.

---

1. Voir étude sur *Le Bourgeois gentilhomme* par C. et M. Mazouer, Ellipses, 1999.

II. Une nouvelle architecture pour le triomphe de l'illusion

A. Les premières modernisations

L'intérêt progressant pour le jeu scénique, la variété des genres de représentations, imposent de modifier profondément les installations, côté salle et côté scène.

L'Hôtel de Bourgogne, le Marais sont transformés sur un modèle à peu près identique : le parterre est reconstruit en amphithéâtre à gradins, tandis que des loges et des balcons sont installés sur les murs, latéralement et au fond de la salle. La configuration de la scène, cependant, n'évolue que très lentement. Le décor à « mansions » de la tradition médiévale persiste même si un jeu de rideaux peut faire apparaître et disparaître un lieu spécifique.

B. Les leçons italiennes

Du traité *De l'architecture* de Vitruve[1] diffusé après sa traduction en 1486, les italiens retiennent l'amphithéâtre, le théâtre fermé, la vision frontale. Serlio[2] s'applique à organiser la perspective à partir d'une place idéale, dans le public, qui serait celle du prince. Andrea Palladio[3] construisant en 1580 l'Académie olympique de Vicence, réalise un théâtre à la romaine : volumes égaux pour la salle et la scène, amples coulisses, création des cintres[4] et des dessous de scène, et surtout d'un monumental mur de scène en forme d'arc de triomphe (voir photographie page suivante) qui laisse entrevoir les rues d'une ville construites en perspective.

---

1. Architecte romain du siècle d'Auguste.
2. Architecte italien (1475-1554).
3. Architecte italien (1508-1580).
4. Partie du théâtre située au-dessus de la scène, entre le décor et les combles (voir croquis p. 79).

L'illusion est parfaite et l'espace du spectateur nettement distingué de l'espace scénique.

Une partie du mur de scène du Théâtre olympique de Vicence (photo Gisèle Castet)

C. Les réalisations françaises

Richelieu dota la France du premier théâtre à l'italienne. En 1641 son Palais Cardinal[1] s'enrichit d'une scène surélevée encadrée de colonnes. Une meilleure visibilité est assurée par la salle rectangulaire à gradins dont le fond sera arrondi lors d'une

1. Il s'agit du futur Palais-Royal où le théâtre de Molière sera domicilié.

ultime transformation par Carlo Vigarani[1] ; l'installation des machines à l'italienne de Giacomo Torelli[2] améliorera la scène carrée et fermée par un rideau.

III. De l'esthétique baroque au triomphe de la dramaturgie classique

A. Permanence et évolution des genres anciens

1. La tradition de la farce

Comme **la commedia dell'arte**, la farce maintient son succès. L'action en est toujours simple, le comique efficace. En 1622 est publié à Paris, *Le Recueil général des rencontres et questions tabariniques*. L'auteur, le très célèbre Tabarin, y rassemble les farces qu'il jouait sur le Pont-Neuf.

2. La dramaturgie de l'illusion

✓ *La tragédie*

Très prolixe, **Alexandre Hardy**[3], acteur et auteur dramatique, principal fournisseur de la troupe de l'Hôtel de Bourgogne pendant les vingt premières années du XVIIe siècle, a cherché à perpétuer la tragédie humaniste. Il conserve les chœurs, cultive le goût du spectaculaire en privilégiant la violence et l'horreur dans une action particulièrement compliquée et un dénouement toujours catastrophique. Devenue très irrégulière au regard de la doctrine d'Aristote, concurrencée par la tragi-comédie, elle perd les faveurs du public.

---

1. Décorateur italien du XVIIe siècle qui a collaboré avec le musicien Lully et l'un des plus célèbres dramaturges de la même époque : Philippe Quinault.
2. Architecte, poète et décorateur italien de théâtre, créateur d'étonnantes innovations en particulier dans les changements extrêmement rapides de décors, 1608-1678.
3. Hardy (1572?-1632?).

✓ *La tragi-comédie*

C'est le genre le plus en vogue en ce début du XVIIe siècle, et il le restera longtemps. Son origine remonte à l'Antiquité[1]. Il reprend le mélange du comique et du tragique mais subit aussi l'influence du roman héroïque[2] : des péripéties nombreuses et invraisemblables, des coups de théâtre, des aventures amoureuses, des quiproquos. Tout cela sur un fond de cruauté (combats, tortures, meurtres) qui le rend très proche du théâtre élisabéthain, et de l'esthétique baroque du Siècle d'or en Espagne. Les personnages peuvent appartenir à toutes les couches sociales, le dénouement est en général favorable au héros, les tons sont mêlés. **Alexandre Hardy, Jean Mairet**[3], **Jean Rotrou**[4], **Pierre Corneille** ont illustré la tragi-comédie.

✓ *La pastorale*

Avant de disparaître en s'intégrant à la comédie ou à la tragi-comédie, la pastorale sera très vivante aux alentours de 1630. Genre « indécis », elle fait se mouvoir, dans une campagne idyllique, des bergers et des bergères qui s'unissent et se désunissent — on parle de « chaînes » d'amours la plupart du

---

1. « Le terme (*tragico-comoedia*) est employé pour la première fois par Plaute (254-184 av. J.-C.) dans le prologue d'*Amphitryon* ». Patrice Pavis, *Dictionnaire du théâtre*, Messidor.
Plaute est le créateur de la comédie latine qui, sur les plans de l'intrigue et des types comiques, influencera durablement le théâtre aux XVIe et XVIIe siècles.
2. Genre très à la mode en ce début du XVIIe siècle, caractérisé par la permanence du thème des amours contrariées dans un monde hostile, prétexte à d'innombrables aventures, par la complexité et la longueur de l'intrigue. Le lecteur y est constamment tenu en haleine.
3. Mairet (1604-1686). Renonçant au théâtre à trente ans, il a fait une carrière brève mais très diversifiée (voir plus loin).
4. Rotrou (1609-1650). Sans doute le plus grand des auteurs baroques français, *Le Véritable Saint Genest* (1645) est sa pièce la plus connue ; elle utilise le théâtre dans le théâtre : Genest est un comédien qui joue devant l'empereur Dioclétien le rôle d'un martyr chrétien ; fasciné par son personnage, l'illusion théâtrale devenant réalité, il finira par proclamer sa foi dans le christianisme ; Dioclétien, spectateur, le condamnera au supplice.

temps non partagées — au gré d'une intrigue complexe, parfois saupoudrée de merveilleux et de burlesque. **Hardy, Mairet** s'y essayèrent avec succès.

3. Le renouveau de la tragédie[1] et de la comédie : Pierre Corneille (1606-1684) dramaturge multiple et théoricien

✓ *La réhabilitation de la comédie*

Pour Aristote, la comédie n'est pas un grand genre. En ce début du XVIIe siècle, elle n'intéresse guère les auteurs. En dépit de cette désaffection, et sans doute parce qu'il s'éloigne des types comiques et de la grossièreté que se partagent la commedia dell'arte et la farce de tradition française, Corneille devient célèbre dès 1629 comme auteur de **comédies**[2]. Les sujets traitent de la vie quotidienne et romanesque de personnages appartenant à la bourgeoisie, ou à l'aristocratie ; le comique tient essentiellement aux caractères souvent extravagants des jeunes héros qui ne dépareraient pas dans la pastorale.

✓ *Le genre introuvable de L'Illusion comique*[3]

« Voici un étrange monstre », écrit Corneille à sa dédicataire à propos de cette pièce. L'esthétique baroque de *L'Illusion comique* favorise l'apologie du théâtre que Corneille y célèbre. Elle donne à

---

1. Écrivant *Sophonisbe* en 1634, **Mairet, avant Corneille,** avait redécouvert la tragédie régulière vraisemblablement grâce à la lecture – d'abord dans les versions italienne et latine – de la *Poétique* d'Aristote (voir III B). Il y respectait les unités de temps, de lieu et d'action.
2. *Mélite ou les Fausses Lettres* (1629), *La Veuve ou le Traître trahi* (1631), *La Galerie du Palais ou L'Amie rivale* (1632), *La Suivante* (1633), *La Place royale ou l'Amoureux extravagant* (1634).
3. À l'acte 1, un père, pour retrouver son fils Clindor, a recours à un magicien. Ce dernier, fait surgir des images évoquant la vie de Clindor et de son maître Matamore (voir le chap. I de la 2e partie). Il s'agit des actes II, III, et IV. Mais, à l'acte V, Clindor, devenu prince, meurt assassiné. La dernière scène de ce même acte révèle au père – et aux spectateurs – qu'ils ont assisté à une tragédie dont Clindor était un des interprètes.

voir l'inconstance, l'ambiguïté des identités, l'importance du déguisement et de la feinte.

✓ *La tragédie politique*

Corneille privilégie l'action et les sujets historiques ; l'histoire romaine, en particulier, lui fournit personnages et situations. La vraisemblance le cède souvent au sublime et à l'extraordinaire, tant les valeurs héroïques, les relations du héros avec l'État, sont au centre des préoccupations du dramaturge. À ce propos, un critique contemporain[1] a pu voir dans cette œuvre tragique[2] une réflexion douloureuse de Corneille sur l'actualité de son temps : la progressive disparition des valeurs de l'aristocratie au profit d'un pouvoir royal qui ne lui est plus favorable.

✓ *L'œuvre critique*

Pour l'édition complète de ses œuvres en 1660, Corneille écrit ***Trois Discours***[3], et fait précéder désormais chacune de ses pièces d'un ***Examen***[4]. Il répond aux critiques dont il a été l'objet de la part des doctes, commente Aristote et le bien-fondé des règles, en propose des aménagements « modernes » et montre son souci constant de la dramaturgie dans l'expression de tous les genres. Par sa réflexion critique, il apporte une contribution considérable à la constitution de la doctrine classique.

---

1. Michel Prigent, *Le Héros et l'État dans la tragédie de Pierre Corneille*, PUF,1986.
2. Quelques titres parmi les plus célèbres : *Le Cid* (1637), *Horace* (1640), *Cinna* (1642), *Polyeucte* (1643), *Nicomède* (1651), *Sertorius* (1662), *Othon* (1664), *Tite et Bérénice* (1670), *Suréna* (1674).
3. *Discours de l'utilité et des parties du poème dramatique* ou *Premier Discours, Discours de la tragédie et des moyens de la traiter selon le vraisemblable ou le nécessaire* ou *Deuxième Discours, Discours des trois unités d'action, de jour et de lieu* ou *Troisième Discours.*
4. Notamment à propos de la fameuse Querelle du *Cid*, taxée de pièce invraisemblable, dont le genre passe de la tragi-comédie (dans l'édition de 1637) à la tragédie (dans l'édition de 1648) sans qu'en disparaissent les éléments baroques (dans la situation et les personnages) et la multiplicité des lieux.

B. Le débat sur les règles

1. Les théoriciens

Les critiques et les auteurs qui, sous le règne de Louis XIII, cherchent à fonder un théâtre régulier, lisent **Scaliger**[1] et **Heinsius**[2], premiers « diffuseurs » des théories d'Aristote. L'Académie Française (voir I.B.1.) favorise le développement de la norme et l'imitation des Anciens. D'une certaine façon, elle permet à l'État de mettre la littérature sous tutelle royale. Ordre, méthode, raison, dictent une esthétique dont les principes se sont élaborés tout au long du XVIIe siècle à travers des textes d'origine diverse : manifestes sous forme de lettres, préfaces, traités qui, tous, tiennent compte de la **pratique** théâtrale.

Parmi les plus importants des fondateurs de la régularité au théâtre, on retiendra **Jean Chapelain**[3], conseiller de Richelieu, qui affirme la nécessité d'une action unique, dans un seul lieu, et pendant une durée de vingt-quatre heures ; l'abbé **François d'Aubignac**[4], auteur d'une ***Pratique du théâtre*** qu'il rédige de 1640 à 1657 ; mais aussi **Corneille** (voir plus haut).

2. Les principes

✓ Une subtile mimésis*

C'est le premier des principes : il s'agit d'effacer autant qu'il est possible toutes les conventions théâtrales pour que le spectateur vive la scène comme une réalité. L'imitation doit parvenir à l'illusion totale.

---

1. Scaliger (1484-1558), érudit italien, dont on publie, en 1561, après la mort, les sept livres de la *Poétique*, écrits en latin.
2. Heinsius (1580-1655), philologue hollandais, auteur de la *Constitution de la tragédie* (1611) écrite également en latin.
3. Chapelain (1595-1674). Auteur de la *Lettre sur l'art dramatique* (1630) et rédacteur des *Sentiments de l'Académie sur Le Cid* (1637).
4. D'Aubignac (1604-1676).

✓ *Un objectif : plaire et instruire*

Le succès public est pour le dramaturge du XVIIe siècle un garant de qualité. Le revendiquer permet, en outre, de s'autoriser quelques libertés avec certaines règles quand le sujet l'impose. Mais il ne faudrait pas isoler le principe du plaisir de celui de l'utilité de l'art qu'Horace[1], poète latin, reprenant et continuant l'œuvre de son prédécesseur grec Aristote, développe dans son *Épître aux Pisons* ou *Art poétique*.

Instruire le spectateur constitue un des fondements théoriques très importants de l'esthétique des dramaturges de 1660. La représentation théâtrale a pour but d'améliorer l'individu et les mœurs sociales. Molière, dans la préface de Tartuffe, proclame : « [...] l'emploi de la comédie est de corriger les vices des hommes [...] », reprenant la célèbre devise « Castigat ridendo mores[2] » que l'arlequin Dominique, son contemporain, avait inscrite sur son théâtre. Le plaisir tragique est d'une autre nature. Aristote l'a défini dans sa *Poétique* (voir chap. I). Racine en reprend l'essentiel et dans la préface de *Phèdre*, il écrit à propos de son personnage : « Il a toutes les qualités qu'Aristote demande dans le héros de la tragédie, et qui sont propres à exciter la compassion et la terreur. En effet, Phèdre n'est ni tout à fait coupable, ni tout à fait innocente. » Corneille renouvelle l'interprétation de **la catharsis*** en y ajoutant l'admiration pour la vertu. Les théoriciens du drame bourgeois s'en souviendront (voir chapitre suivant).

✓ *Un souci constant : le vraisemblable*

On doit distinguer le vrai et le possible du vraisemblable.

Le théâtre ne doit représenter que le crédible, c'est-à-dire ce que le spectateur peut raisonnablement accepter et qui ne froissera pas le bon sens. On voit ici la fragilité de cette caractérisation. Bien que **tous les autres principes découlent de**

---

1. Horace (68-8 av. J.-C.).
2. « C'est en riant qu'elle corrige les mœurs » (voir chap. I, 2e partie).

la vraisemblance, on n'a pas manqué de polémiquer sur son respect. Corneille, toujours original, a longtemps préféré le vrai au vraisemblable, par fidélité à la vérité historique. Il a, en outre, souvent choisi l'exceptionnel, plus conforme aux figures héroïques qu'il met en scène ; mais il s'est défendu de l'accusation d'invraisemblance.

✓ *Les trois unités*

• **Lieu**

Dans la perspective de l'illusion absolue, le public ne peut accepter la multiplicité des lieux sur l'espace scénique. Ainsi, traditionnellement, l'action se déroule dans un lieu où les personnages peuvent se rencontrer sans avoir à se justifier : galerie d'un palais pour la tragédie, rue ou place pour la comédie.

• **Temps**

La durée de la fiction dramatique devrait pouvoir se superposer à la durée de la représentation. Mais on peut imaginer jusqu'à vingt-quatre heures d'action, parfois bien moins, sans que le bon sens soit choqué.

• **Action**

Quelle que soit la complexité de l'action — l'action principale peut se décomposer en actions secondaires — il faut que tous ses éléments constitutifs convergent vers la résolution d'une seule intrigue.

✓ *Un interdit : choquer le public*

Cette règle dite des **bienséances** externes s'explique par la volonté de rompre avec les excès de la tragi-comédie et de la tragédie baroques (voir III A 2 a et b). Le sang, la violence des gestes, la représentation de la mort, sont bannis de la scène.

3. Les effets sur le langage dramatique

✓ *La séparation des genres*

De la *Poétique* d'Aristote ne nous est parvenu que le premier livre, qui traite de l'épopée et de la tragédie ; mais nous savons que la comédie y tenait une place médiocre, parce qu'appartenant au « genre bas ». C'est Horace, dans son *Art poétique,* qui fonde la séparation des genres. Le triomphe de la régularité dans les années 1660 à 1680, période que les Romantiques (voir chapitre suivant) nommeront « classique », va petit à petit rejeter les genres hybrides — comme la tragi-comédie — qu'avait affectionnés le début du siècle. Les bienséances internes imposent la cohérence absolue dans l'évolution du caractère des personnages, et de l'action ; ces principes vont évidemment à l'encontre du mélange des genres. La tragédie restera alors longtemps le seul et grand genre « classique » — tradition aristotélicienne oblige — mais Molière, pratiquant la comédie sous ses formes les plus variées, assurera une promotion essentielle au genre comique.

✓ *L'organisation de l'action*

- **L'exposition**

Simple, rapide et complète, elle doit nécessairement présenter, pour le confort du spectateur, les circonstances de l'action et les principaux personnages. Elle peut s'étendre sur un nombre de scènes variables : de la première scène — c'est le cas le plus courant — au premier acte en entier. Dans la tragédie comme dans la comédie, la scène d'exposition peut avoir des formes diverses : dialogue entre deux personnages principaux[1], entre deux personnages secondaires[2], entre un personnage principal et

1. Molière, *Les Femmes savantes.*
2. Molière, *Le Bourgeois gentilhomme.*

un personnage secondaire[1], monologue du personnage principal[2] — l'utilisation de ce dernier type est très critiquée par les doctes au nom de la vraisemblance.

• **Le dénouement**

Il doit se situer à la toute fin du dernier acte, si ce n'est à la dernière scène. L'action y aboutit logiquement : l'intervention d'un événement extérieur — de l'ordre du surnaturel par exemple[3] — est proscrite. Le sort de tous les personnages doit être complètement réglé.

• **Le nœud**

Il organise de façon non arbitraire les obstacles qui surgissent devant le héros. L'ensemble des obstacles va former l'action dont la progression peut se faire avec ou sans péripétie. La péripétie est un événement inattendu qui entraîne des modifications dans la situation des personnages.

✓ ***Les personnages***

Ils se partagent en rôles tragiques (rois ou princes) et rôles comiques (bourgeois ou provinciaux, médecins, hommes de lois, valets).

Le confident dans la tragédie est une invention de la dramaturgie classique : pour obéir à la règle de la vraisemblance, le monologue doit être limité aux moments extrêmes où l'état psychologique du personnage le justifie ; le confident devient ainsi l'interlocuteur privilégié du héros ; il recueille ses pensées les plus intimes, il l'aide à prendre une décision, il partage son émotion, ses joies, son désespoir. Enfin, chez Racine, il acquerra un statut de

---

1. Racine, *Andromaque*.
2. Corneille, *Cinna*, mais aussi Molière, *Le Malade imaginaire*.
3. Chez Aristote l'intervention d'un dieu au dénouement est condamnable si elle ne résulte pas de l'action même.
On parlera de l'intervention d'un « Deus ex machina » quand ce principe n'est pas respecté.

personnage : c'est-à-dire qu'il participera activement à l'action. Le plus bel exemple de cette évolution est le rôle essentiel dévolu à Œnone dans *Phèdre*.

Le héros est en général omniprésent sur scène, mais ce n'est pas systématique. Le dramaturge écrit pour une troupe d'acteurs qui veulent des rôles.

✓ L'organisation de la représentation

La division en actes répond d'abord aux nécessités techniques de la représentation au XVIIe siècle : il fallait moucher les chandelles toutes les demi-heures environ. Un acte a donc à peu près cette durée. Le dramaturge peut ainsi, sans mettre à mal la vraisemblance, placer pendant les entractes des épisodes impossibles à représenter sur scène et qui peuvent faire l'objet d'un récit par un personnage.

La scène est limitée par l'entrée ou la sortie d'un personnage. Pour assurer la continuité des scènes — de longueur très variable — entre elles, les dramaturges « classiques » prennent un soin tout particulier à leur **liaison** : tout personnage qui entre doit être annoncé par un des personnages de la scène précédente ; de même un personnage ne quitte jamais la scène sans que cela ne corresponde à une logique interne. Des considérations pratiques, issues du déroulement très concret du spectacle, légitiment ces préoccupations : d'abord, les comédiens jouent dans des costumes que n'importe lequel de leurs contemporains peut porter et donc ils ne sont pas reconnaissables immédiatement ; d'autre part la scène du XVIIe siècle, on le sait, est encombrée latéralement par quelques spectateurs. Il faut donc savoir quel personnage rentre et pourquoi.

4. La postérité de la dramaturgie classique

Les plus grandes œuvres de la dramaturgie classique ont été produites entre 1660 et 1680. Par la suite, et jusqu'au

XVIIIe siècle, les principes et le succès demeurent. On écrira encore des tragédies régulières — Voltaire leur devra la célébrité — mais peu d'auteurs — et d'œuvres — résisteront au temps.

C. Les auteurs à succès

1. Molière (1622-1673) et l'apogée de la comédie

✓ Le comédien et chef de troupe

Jean-Baptiste Poquelin fut d'abord un comédien spécialisé dans les rôles comiques et dont le jeu était très inspiré de la commedia dell'arte. Sa tentative de jouer la tragédie tourna court. Il écrivit pour lui-même les grands rôles du répertoire qu'il créa. Pensant ensemble le texte et la mise en scène — les didascalies sont le plus souvent intégrées au texte — il utilise toutes les ressources de l'écriture comique pour concevoir situations et personnages. Il n'a jamais perdu le goût de la farce dont il se souviendra jusque dans ses grandes comédies — il en est ainsi, par exemple, de *L'École des femmes,* du *Bourgeois gentilhomme,* du *Malade imaginaire.*

✓ Le créateur d'une comédie à sa mesure

Les comédies de Molière sont construites autour d'un personnage maniaque sinon ridicule, Argan, Harpagon, Philaminte, Arnolphe etc. qui met en péril le bonheur et l'équilibre de sa famille. La comédie « classique » y reconnaîtra bientôt son modèle bien que Molière mette souvent à mal la vraisemblance dans ses dénouements.

À l'héritage de la farce française et de la commedia dell'arte qui lui inspirent nombre de thèmes et de personnages, il faut ajouter celui de la comédie latine de Térence et de Plaute mais aussi celui de la comédie « sérieuse » de Corneille.

✓ *Le souffre-douleur de la censure*

S'adressant autant au public populaire qu'à celui des « honnêtes gens », l'œuvre de Molière subit des critiques contradictoires : certains la cantonnent dans le rire moraliste, d'autres la relient au libertinage.

Molière eut à affronter des cabales politiques et religieuses. Irrités par *L'École des femmes,* les dévots de la Compagnie du Saint-sacrement combattirent violemment *Tartuffe* et *Dom Juan*[1] qui disparurent très vite de l'affiche.

2. Racine (1639-1669) et la consécration de la tragédie « classique »

✓ *Des maîtres jansénistes*[2]

Élevé par les jansénistes dont il subira l'influence, il se consacre presque exclusivement à la tragédie, il écrit ses plus grandes pièces de 1664 à 1677 et connaît une consécration analogue à celle de Corneille trente ans plus tôt. Son théâtre, plutôt pessimiste, est marqué par la puissance de la fatalité qui fait du héros un être isolé, incapable d'agir.

✓ *Une action simple chargée de peu de matière*

L'action de la tragédie racinienne se situe au moment où la crise est proche de son paroxysme et par là même au bord du dénouement. Les trois unités en sont plus facilement respectées. À l'opposé de la dramaturgie cornélienne, Racine revendique l'épure. Il écrit dans la préface de *Bérénice* : « *Toute l'invention consiste à faire quelque chose de rien* ».

---

1. Voir étude sur *Dom Juan* par O. Leplatre, « Résonances », Ellipses, 1998.
2. Nom donné à tous ceux qui se retiraient de la société pour vivre dans l'étude et la méditation à l'abbaye janséniste de Port-Royal des Champs.

✓ *Le tragique racinien : cruauté et lyrisme*

Plaintes, élégies, évocations en hypotypose[1] de monstres, de scènes traumatisantes ou fantasmatiques du passé, imprécations, menaces, chantage, composent une esthétique qui allie lyrisme et cruauté. Les personnages violents, aveuglés par la passion sont nombreux, leurs victimes impuissantes. Le lieu unique est un huis-clos, la passion amoureuse toujours fatale.

D. L'esthétique « galante »

Elle ne se situe pas dans une succession chronologique par rapport à l'esthétique dite « classique », elle parcourt le siècle, s'adressant à un public de mondains très raffinés, très libres, préoccupés du goût et dont certains s'exprimeront dans la « Préciosité ». Peu ou prou, tous les auteurs du siècle illustreront la tragédie romanesque et galante : Pierre Corneille, Thomas Corneille qui avec *Timocrate* (1656) connut le plus grand succès théâtral du siècle, Quinault, et Racine, dans l'expression du lyrisme amoureux.

La Cour célébrera régulièrement la galanterie sous la forme particulière de fêtes spectaculaires. On sait que Molière donnera des comédies-ballets. Il faut imaginer *Le Bourgeois gentilhomme, Psyché, Le Malade imaginaire* dans leur écrin de danse, de musique et de feu d'artifice. De cette esthétique, vers 1670, naîtra l'opéra.

---

1. Éléments rhétoriques qui, dans une description ou un récit, donnent à **voir** au lecteur – ou à l'auditeur – par le recours à un présent d'actualisation, un choix lexical particulier, des métaphores dramatiques.

IV. Les innovations des XVIIIe et XIXe siècles

Les bouleversements politiques sociaux et économiques qui affectent le XVIIIe et le XIXe siècle ne manquent pas d'avoir des répercussions sur le théâtre qui, de la mort de Louis XIV (1715) aux premières années du XXe siècle, reste tributaire d'une tradition qu'il adapte aux conditions nouvelles, en même temps qu'il connaît une série de ruptures fortement revendiquées. Si le XVIIe siècle apparaît généralement comme le siècle du théâtre en France, on sait moins que l'engouement pour le théâtre, la multiplication des salles, la diversification des publics, les révolutions dramaturgiques, l'intérêt porté aux grands comédiens et au travail de l'acteur appartiennent au XVIIIe et au XIXe siècle.

I. Du côté des salles

A. Un nombre en forte augmentation

À la mort de Louis XIV et après le retour des Comédiens Italiens, il y a **à Paris** trois salles spécialisées, reconnues par le pouvoir royal : **l'Opéra**, d'abord installé au Palais Royal, qui changera plusieurs fois de lieux après des incendies, **la Comédie-Française**, également conduite à déménager plusieurs fois jusqu'en 1790, et **le Théâtre Italien** qui doit se contenter du vieil Hôtel De Bourgogne.

Parallèlement se développent des **théâtres de foire**. Au cours des deux grandes foires parisiennes annuelles, des spectacles sont donnés dans des sortes de baraquements qui se transforment peu à peu en salles de spectacles en dur. À partir de 1752, l'une d'elles est occupée par l'**Opéra comique** qui fusionne avec la Comédie-Italienne en 1762. Au cours des XVIIIe et XIXe siècles, l'histoire des théâtres forains se confond avec celle des petits théâtres de boulevard qui se multiplient.

À Paris, de 1716 à 1789, le nombre des théâtres parisiens triple. Malgré une régression sous Napoléon qui limite le nombre des théâtres pour mieux les contrôler, leur développement se poursuit au cours du XIXe siècle.

La province très en retard s'équipe de salles de qualité. Chaque métropole de Province possède à la fin du XVIIIe siècle un théâtre ouvert régulièrement, qui offre des spectacles variés, loin de la spécialisation des salles parisiennes. Le théâtre devient un monument public imposant qui prend place dans un projet global d'architecture urbaine.

B. Un espace subordonné à l'illusion

1. Permanence du théâtre à l'italienne

La salle à l'italienne[1] (voir croquis p. 79) s'implante en France dans la seconde moitié du XVIIIe siècle et restera encore le modèle de l'architecture théâtrale au XXe siècle.

Les théâtres sont reconstruits. Plus imposants, ils offrent une scène nettement agrandie. La visibilité est ainsi améliorée, les effets de perspective renforcés et la machinerie peut se développer. Retenons, comme exemples, le théâtre de Lyon, chef d'œuvre de l'architecte **Soufflot**, salué avec enthousiasme par les

1. Se reporter au chap. III de la 1re partie.

philosophes des Lumières, qui date de 1756, et le grand opéra de Paris qu'édifia **Garnier** en 1870.

Le théâtre à l'italienne manifeste le souci de distinguer socialement les publics : parterre pour les moins fortunés, loges superposées ou balcons ouverts pour les personnes de la bonne société qui se donnent en spectacle autant qu'elles assistent au spectacle donné sur la scène.

2. Une réforme d'importance

En 1759, les fameuses banquettes latérales qui permettaient à quelques privilégiés de s'asseoir sur la scène sont supprimées. Cette réforme va dans le sens du renforcement de l'illusion, tendance qui s'impose au cours de cette période de deux siècles. Ses conséquences se feront sentir sur l'évolution des décors et sur le jeu de l'acteur, désormais plus libre, plus physique, plus mobile.

Ainsi libérée la scène peut devenir le lieu magique de toutes les illusions. Le **cadre de scène** (voir croquis), l'apparition du **rideau de scène**, et l'invention de la **rampe**[1], sont autant d'éléments qui créent une séparation entre la salle et la scène pour mieux faire croire à la réalité de l'action dramatique. Les progrès de l'éclairage au gaz, apparu en 1822 à l'Opéra et en 1873 à la Comédie-Française contribuent à rendre moins artificielle la lumière recréée.

3. Un impératif : faire vrai : décors, accessoires, costumes, maquillages

Le public éclairé, Voltaire en tête, est lassé par les éternels décors inspirés de l'Antiquité gréco-romaine qui règnent à l'Opéra et sur les scènes de tragédie. L'esthétique de la peinture du XVIIIe s'éloigne des grands sujets mythologiques pour chercher à capter les détails du réel dans les natures mortes de Chardin, comme

1. Rangée de chandelles, remplacées ensuite par des godets à mèche remplis d'huile, située au ras de la scène et délimitant l'espace de la scène de l'espace des spectateurs.

dans les scènes de genre de Greuze, peintres que célèbre Diderot. Cette esthétique du tableau influence fortement le décor de théâtre. Les didascalies* de plus en plus nombreuses, revendiquent des décors qui fassent vrai, insistent sur des détails susceptibles de créer l'effet de réel[1].

Parallèlement les accessoires envahissent la scène. L'objet est central dans la péripétie et dans le jeu.

Le costume de théâtre ne se différencie pas du costume de cour[2], acheté à grand prix par les comédiens ou offerts par les nobles. Des acteurs célèbres comme Lekain ou La Clairon critiquent l'irréalisme de ces costumes. Au XIXe siècle, on cherche toujours davantage la couleur locale et le réalisme des costumes.

Le maquillage traditionnel, le même pour les hommes et les femmes, plâtre les traits du visage et empêcher leur mobilité. On s'oriente vers un maquillage susceptible de rajeunir ou de vieillir l'acteur en fonction de son rôle dans la pièce.

II. Le théâtre magnifié

A. Un regard nouveau sur le théâtre

1. Une école de vertu

On a vu au chapitre précédent la vigoureuse condamnation du théâtre par l'Église. Les dernières années du règne de Louis XIV[3], empreintes d'austérité, encouragent les attaques des détracteurs du théâtre. Mais un revirement se produit au cours du XVIIIe siècle. **Voltaire et le parti des philosophes**, Rousseau excepté, vantent la valeur moralisatrice* du théâtre, les bienfaits

1. Voir les didascalies du *Mariage de Figaro*, ou celles de Sébastien Mercier exigeant par exemple des « tabourets dépaillés », un « vitrage vieux dont la moitié est réparée avec du papier ».
2. Se reporter au chap. III de la 1re partie.
3. Louis XIV meurt en 1715.

du rire et la vertu de la catharsis*. Dans le bouleversement des valeurs politiques, sociales et religieuses du siècle, le théâtre apparaît comme une nouvelle école de morale et de civisme. C'est le rôle qui lui sera officiellement imparti sous la Révolution.

2. Le paradoxe du comédien

Diderot écrit ***Le Paradoxe du comédien*** entre 1769 et 1773 C'est le premier ouvrage consacré au travail de l'acteur ; et à son fonctionnement intime. Diderot y développe la thèse selon laquelle l'acteur ne peut éprouver les sentiments qu'il montre et les émotions qu'il produit chez les spectateurs, parce que l'émotion ne peut se reproduire sur commande. Le travail de l'acteur consiste d'abord à déployer sa créativité et sa sensibilité pour créer un modèle idéal, puis à le copier par la suite à chaque représentation. En opposant l'émotion vraie qui envahit l'être et anéantit son intelligence et l'émotion représentée, construite par l'acteur, Diderot valorise le métier de comédien qu'il hausse au rang d'artiste.

B. Les comédiens

1. Une reconnaissance

Diderot a ouvert la voie. On écrit des traités sur la technique de l'acteur, sur l'art de la déclamation. Des écoles s'ouvrent, le **Conservatoire d'Art Dramatique** est créé en 1795.

Les acteurs jouent un rôle non négligeable dans la vie intellectuelle. Le public leur voue un intérêt passionné qui ne se démentira pas par la suite.

Les revenus des comédiens restent cependant toujours précaires. Si les grands comédiens sociétaires des théâtres privilégiés bénéficient d'un statut et de revenus décents, la foule des autres vit dans la gêne. Les comédiennes, souvent entretenues, vivent dans l'aisance, du moins pendant leurs années de jeunesse.

2. De quelques monstres sacrés

On a déjà évoqué avec Diderot **La Clairon** et **Lekain**, acteurs soucieux de perfectionner leur art. **Talma**, dans des costumes dessinés par le peintre David, atténue la déclamation classique et intensifie son expressivité.

Mademoiselle Mars et **Mademoiselle Georges** se disputent la vedette féminine des drames romantiques. Citons encore les noms de **Rachel**, de **Marie Dorval**, et du fameux **Frédéric Lemaître**, acteur de mélodrame, qu'Hugo adora et auquel il confia l'interprétation de tous les rôles grotesques de ses drames. L'acteur anglais Kean fut immortalisé par Dumas dans *Kean ou Désordre et génie*, que Sartre adapte en 1954.

Grande interprète tragique, **Sarah Bernhardt** excelle dans la vocalisation ainsi que dans de grands rôles masculins comme Hamlet ou Lorenzaccio ou l'Aiglon. Son pendant masculin, **Mounet Sully** est un Œdipe bouleversant dans *Œdipe roi* de Sophocle.

Ces monstres sacrés poussent si loin le vedettariat entamé au XVIIIe siècle qu'ils en arrivent à détourner le spectacle théâtral vers la performance individuelle, préparant ainsi l'avènement du nouvel homme de théâtre, le metteur en scène.

C. La condition d'auteur dramatique

1. La précarité

L'auteur dramatique ne tire de ses pièces qu'un faible revenu. La propriété littéraire est mal protégée. Ceux qui n'ont que leur production pour vivre végètent misérablement.

De plus l'écrivain de théâtre ne peut échapper à l'examen préalable de sa pièce et n'a aucun moyen de contourner la censure. Ainsi **la représentation du *Mariage de Figaro* est interdite au dernier moment** sur ordre du roi qui donnera finalement son accord un an plus tard. La Révolution déclare d'abord la liberté complète des spectacles pour rétablir dès 1794 une censure plus rigoureuse. Les différents régimes que connaît le XIXe siècle prétendent tous, à différents degrés, contrôler la production théâtrale, d'autant plus qu'ils ne méconnaissent pas son impact sur un public de plus en plus nombreux et divers, compte tenu de la variété des genres proposés.

2. Une avancée considérable

En 1777, **Beaumarchais** réunit vingt-deux auteurs et fonde avec eux le *Bureau de Législation dramatique* qui deviendra la future *Société des Compositeurs et Auteurs dramatiques,* afin de garantir les droits d'auteurs.

III. Évolutions et ruptures dramaturgiques

A. Permanence de la tragédie au XVIIIe siècle

La tragédie reste le genre noble par excellence. **Crébillon** et **Voltaire** assurent la pérennité du genre en écrivant des œuvres en alexandrins réguliers qui évoquent des personnages hors du commun, éloignés dans le temps et l'espace, pris dans les tragédies de l'Histoire ou de l'amour.

La tragédie néo-classique innove cependant. **Voltaire**, son plus ardent héritier, a redécouvert Shakespeare et l'a traduit. L'influence de Shakespeare incite les auteurs de tragédies du XVIIIe siècle à abandonner l'Antiquité pour emprunter leurs sujets à l'Histoire nationale et médiévale et à prendre certaines libertés avec les règles. Le goût du spectaculaire et du pathétique* qui coexistent avec les progrès de la Raison dans ce *Siècle des Lumières,* s'accommode bien d'une remise en cause de la bienséance. Parallèlement certains auteurs, notamment Voltaire, glissent dans leurs œuvres des attaques contre la religion et le pouvoir politique.

Ce genre très en vogue s'appauvrit à partir de la seconde moitié du XVIIIe siècle. Même si **la période révolutionnaire** favorise à nouveau les tragédies classiques à sujets antiques ou historiques, susceptibles d'exalter la grandeur de la Nation, et si le régime napoléonien et la Restauration restent fidèles à l'esthétique néo-classique, il n'y a plus grand dramaturge tragique.

B. Diversité de la comédie : grandes et petites pièces

D'une façon générale, l'évolution de **la grande comédie** va dans le sens d'une moralisation contraire au rire. Héritiers de Molière, **Regnard** (1655-1709) et **Lesage**[1] (1668-1747) privilégient la description des mœurs et des vices. Les bons sentiments triomphent dans les œuvres de **Nivelle de La Chaussée** (1692-1754).

Sur les boulevards fleurissent **les théâtre de foire** pour lequel **Lesage** et **Beaumarchais** ne dédaignent pas d'écrire, et **les « petites » pièces divertissantes** : parades[2], comédies poissardes[3], proverbes dramatiques[4], parodies[5], pièces polémiques[6].

Le vaudeville, inauguré par les Comédiens Italiens et les acteurs de théâtre de foire, naît au XVIIIe siècle, de la vieille farce à

---

1. Son chef-d'œuvre *Turcaret* est une virulente satire de la figure du négociant.
2. Les parades sont des scènes burlesques jouées à l'origine à l'entrée des théâtres pour piquer la curiosité des passants.
3. La comédie poissarde est à la mode à la foire autour des années 1750, elle imite le langage et les mœurs du peuple des faubourgs.
4. Il s'agit de faire deviner aux spectateurs un proverbe à partir d'une petite intrigue.
5. Les parodies des théâtres de foire et de boulevard tournent en ridicule les pièces données à la Comédie Française et le style de jeu de ses comédiens.
6. Les pièces polémiques traitent un sujet d'actualité avec de fréquentes adresses* au public.

laquelle on adjoint des couplets chantés. Au XIXe siècle, Eugène Scribe, Émile Augier, Victorien Sardou et surtout **Labiche** (1815-1888) et **Feydeau** (1862-1921) donnent au vaudeville ses lettres de noblesse. La musique et les chants en disparaissent, désormais réservés à l'opérette qui connaît un énorme succès populaire sous le second Empire. À l'intersection de la farce et de la comédie de mœurs, caractérisé par le rythme endiablé de l'action, les quiproquos dont les personnages se dégagent aux prix d'inventions et de répliques au comique irrésistible, le vaudeville fonctionne comme une mécanique emballée jouant sur les conventions sociales qui régissent le monde de la bourgeoisie et des classes moyennes. Le théâtre de boulevard* peut être considéré comme l'héritier du vaudeville sans chanson de la seconde moitié du XIXe siècle.

C. Originalité de Marivaux (1688-1763)

Placé résolument du côté des Modernes[1], Marivaux[2] se démarque de Molière autant que de ses contemporains. Il excelle à saisir l'existence, les sentiments et tout particulièrement la naissance de l'amour, dans leur instabilité, leurs incertitudes et leurs aléas.

Les liens qu'entretient Marivaux avec **les Comédiens Italiens** constituent une autre de ses particularités. Le succès de Marivaux, son esthétique même, doivent beaucoup à la brillante interprétation de Luigi Riccoboni et de sa troupe.

Analyste du cœur humain, Marivaux invente une langue subtile capable de dévoiler la vraie nature de l'être qui se dérobe sous le masque social.

---

1. Voir la querelle des Anciens et des Modernes.
2. Voir Marivaux, « Mentor », Ellipses, 1999.

D. Une naissance prévisible : le drame bourgeois

La recherche de l'illusion réaliste, autrement dit le souci de « faire vrai », la volonté de rapprocher ce qui se passe sur la scène de l'univers du spectateur afin de mieux le toucher et l'instruire, et le développement de la sensibilité sont les grandes tendances du théâtre du XVIIIe siècle. Elles se concrétisent tout spécialement dans une nouvelle dramaturgie, le genre sérieux ou le drame, appelé aussi drame bourgeois. Les valeurs familiales et morales qu'il illustre correspondent à l'avènement de la bourgeoisie et en reflètent les préoccupations et les goûts.

Dramaturgie intermédiaire, le **genre sérieux** se situe entre comédie et tragédie. À l'image de la vie, il ne verse ni dans le comique ni dans le pur tragique. Il est écrit en prose pour mieux rendre le réel. Ses péripéties nombreuses et romanesques, ainsi que le registre pathétique de ses scènes, viennent en contre point de la platitude de personnages qui se rapprochent de l'humanité ordinaire.

Diderot fonde le genre à partir de 1757 avec deux écrits théoriques : *Entretiens sur le Fils naturel* et *Discours sur la Poésie dramatique*, à l'appui de deux pièces, *Le Fils naturel* et *Le Père de famille.* **Sedaine** (1719-1797) avec *Le Philosophe amoureux* et **Beaumarchais** avec l'*Essai sur le Genre dramatique sérieux* et quelques œuvres dont *La Mère coupable*, sont les artisans de ce renouveau dramaturgique de courte durée, qui n'a pas laissé de chefs d'œuvre à la postérité, mais qui a inauguré une ère nouvelle en permettant l'éclatement des genres et en influençant la conception de la mise en scène et du jeu de l'acteur. Le drame romantique et la comédie de mœurs du XIXe siècle en sont issus.

Quant au **mélodrame**[1], qui succède au drame bourgeois, il offre plus encore que son prédécesseur le « spectacle de la vertu persécutée » selon les mots de Beaumarchais. Il connaît au XIXe siècle un immense succès populaire.

E. L'insolence de Beaumarchais (1732-1799)

On a déjà cité Beaumarchais à propos du théâtre de foire, et du genre sérieux, mais il est surtout connu pour ses deux comédies, *Le Barbier de Séville* et *Le Mariage de Figaro*. C'est dire si son œuvre est variée, comme sa vie particulièrement aventureuse. Beaumarchais renouvelle l'intrigue qui devient sous sa plume une mécanique endiablée annonçant le vaudeville du XIXe siècle. Renouant avec « l'ancienne et franche gaieté » de la comédie, il n'hésite pas à greffer sur l'intrigue une satire sociale acerbe.

F. La bataille d'Hernani : coup de tonnerre du drame romantique

1. La rupture

En février **1830** une mémorable journée se déroule à la Comédie-Française. **Hugo** (1802-1885) y fait représenter *Hernani.* Dans ce temple du bon goût et de la tradition, le drame d'Hugo fait scandale.

Le drame romantique est le manifeste que les jeunes romantiques portent sur la scène. Fervents admirateurs de Shakespeare, **ils rompent avec les unités de temps et de lieu** au nom même de ce qui les avait fondées : le souci de se rapprocher de la vérité. Seule l'unité d'action est le plus souvent préservée car « l'œil ni l'esprit humain ne sauraient saisir plus d'un ensemble à la fois[2] ».

---

1. Au XVIIIe siècle, drame dans lequel intervient de temps en temps la musique ; puis genre nouveau, à la fin de la Révolution, pièce populaire comportant des bons et des méchants et se jouant avec beaucoup d'effets scéniques.
2. Hugo, *La Préface de Cromwell.*

La traditionnelle distinction des genres vole en éclats. Tragique, pathétique* et comique se côtoient au théâtre comme dans la vie. De surcroît, la génération romantique voit en l'homme dualité, tension entre l'âme et le corps, la spiritualité et la matière, le beau et le laid. Les notions de **sublime** et de **grotesque** vont rendre compte dans le drame de cette double dimension et justifier également le mélange des genres. Le goût pour le sublime se traduit dans le choix de sujets pris à l'Histoire, loin de la banalité quotidienne, où s'illustre un héros susceptible de rendre compte des grands idéaux romantiques, dans une époque d'affadissement des valeurs. **Hugo prône le renouvellement du vers** par des changements de rythme et des enjambements audacieux, mais ne le bannit pas.

De ***La Préface de Cromwell*** (1827) qui expose les fondements théoriques du genre, à l'échec de la représentation des *Burgraves* (1843), le passage du drame romantique sur la scène française aura été de courte durée, mais il aura produit des œuvres d'un grand intérêt littéraire et qui sont aujourd'hui toujours mises en scène.

2. Les auteurs

Hugo reste le chef de file incontesté et l'auteur le plus fécond : *Cromwell, Marion de Lorme, Hernani, Lucrèce Borgia, Angelo Tyran de Padoue, Ruy Blas, Les Burgraves.* **Vigny** (1797-1863) adapte Othello de Shakespeare dans Le More de Venise et écrit Chatterton. Ils accompagnent leurs pièces d'essais théoriques.

Alexandre Dumas père (1802-1870) ne se préoccupe pas de théorie dramatique. Son premier drame romantique : *Henri III et sa cour* en 1829 obtient un grand succès. Il fera jouer la plupart de ses pièces dans les théâtres de boulevard*.

Musset (1810-1857), au contraire, après l'échec de *La Nuit vénitienne,* écrit des pièces qu'il ne destine plus à la scène et qu'il appelle : *Un spectacle dans un fauteuil.* C'est que dans sa volonté de représenter le monde, le théâtre romantique achoppe sur des impossibilités d'ordre matériel et technique : comment représenter sur la scène tant de lieux différents dans le pittoresque de tous leurs détails ? Ses chefs d'œuvre comme *On ne badine pas avec l'amour,* et *Lorenzaccio,* sont par contre très souvent joués aujourd'hui. Avec *Les Caprices de Marianne,* Musset renoue avec la scène.

Le XVIIIe et le XIXe siècle ont rompu avec les canons de la tradition et ont amorcé dans le rôle qu'ils impartissent au théâtre, dans l'ouverture sur de nouveaux publics et dans la dramaturgie, l'évolution vers les grandes remises en cause du XXe siècle.

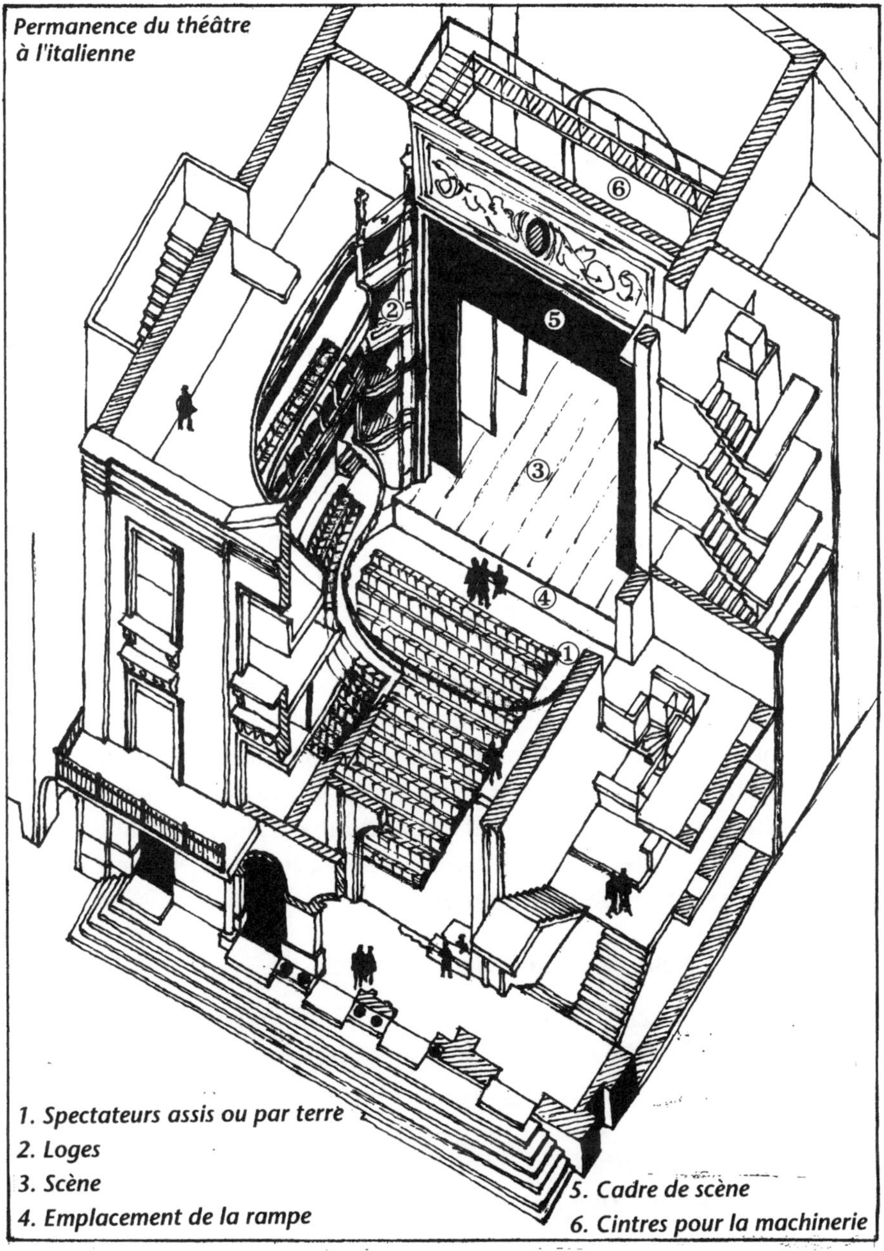

Permanence du théâtre à l'italienne

1. Spectateurs assis ou par terre
2. Loges
3. Scène
4. Emplacement de la rampe
5. Cadre de scène
6. Cintres pour la machinerie

V. XXe siècle : le théâtre éclaté

I. L'avènement du metteur en scène

A. Naissance de l'électricité

Le public est désormais vraiment dans le noir, les jeux de lumière deviennent signifiants, modulant l'espace à l'infini. Les déplacements des acteurs lui sont soumis, le métier du décorateur aussi. Il faut un maître d'œuvre pour diriger tout cela. **C'est le metteur en scène**. Il met en image le texte, dirige les acteurs de manière plus inventive ; son rôle est renforcé. L'utilisation de l'électricité au théâtre a des conséquences considérables. Elle suscite de nouveaux métiers, comme les métiers d'éclairagiste, de scénographe ; toute une équipe technique participe aujourd'hui à l'élaboration du spectacle. Elle libère le jeu du comédien en le diversifiant, fait progressivement abandonner l'ancrage réaliste du décor et par là même conduit à repenser la mimésis en mettant à mal l'espace scénique traditionnel.

B. Un art nouveau : la mise en scène

La mise en scène va désormais pouvoir dépasser la simple fonction illustrative du texte. Elle s'intégrera dans la perspective plus large d'une lecture particulière de l'œuvre représentée, revendiquant une esthétique précise qui peut être la marque personnelle du metteur en scène.

Il est significatif que les textes de théâtre contemporain soient investis par le discours didascalique. L'auteur pense la mise en scène. Paradoxalement, quelquefois il l'imposera par des indications scéniques très contraignantes, aussi importantes que les répliques confiées à l'acteur et qui conduisent le metteur en scène à un respect absolu du dispositif imaginé par l'auteur sous peine de trahir l'esprit et la lettre de la pièce.

C. De quelques pionniers

André Antoine crée en 1887, **le Théâtre-libre**. Il est l'inventeur de la mise en scène dans la mesure où elle permet d'endosser la co-responsabilité, voire la co-création du spectacle. Il est d'abord le metteur en scène de Zola qui essaie de fonder une dramaturgie naturaliste. Mais Antoine pressent assez vite les limites du naturalisme au théâtre, et découvre la nécessité de la stylisation, de la symbolisation. Son mérite est d'avoir joué un répertoire très divers : Georges Courteline, mais aussi Shakespeare, Tourgueniev, Ibsen et Strinberg.

Lugné-Poe fonde le **Théâtre de l'Œuvre** en 1893. Après avoir adhéré à l'esthétique naturaliste, il va en prendre le contre pied : diction monocorde et déplacements très lents des acteurs, mise en espace d'un rituel plutôt que d'une action dramatique. Il joue Maeterlinck, ajoute à l'esthétique symboliste des masques et du rire pour interpréter Jarry. Il servira aussi Claudel, Romain Rolland, Shakespeare et Gorki. Lugné-Poe continue d'avoir une grande influence sur les metteurs en scène d'aujourd'hui.

Firmin Gémier participe à l'aventure d'Antoine ; mais il est surtout le militant-précurseur de la **décentralisation** (voir p. 83), en sillonnant la France avec son **Théâtre national ambulant**. Il crée en 1920 le **Théâtre national populaire** qu'il dirigera jusqu'à sa mort en 1933 et à qui il donnera pour devise : « Le seul théâtre du peuple, c'est le théâtre des chefs-d'œuvre ».

D. Copeau et l'expérience du Vieux-Colombier

Jacques Copeau transforme en scène élisabéthaine **le Théâtre du Vieux-Colombier**. Jusqu'en 1924, il se consacre à la mise en scène d'auteurs contemporains dont Claudel, et Vildrac. Servir le texte en collaboration étroite avec l'auteur et les acteurs est son principe essentiel ; ses réalisations scéniques sont extrêmement dépouillées.

E. Le Cartel des Quatre

Deux élèves de Copeau, **Charles Dullin** et **Louis Jouvet** s'associant à **Gaston Baty** et **Georges Pitoëff**, fondent **le Cartel** en 1927. Chacun restant maître de ses choix esthétiques dans sa mise en scène, ils gèrent en commun leurs théâtres et assurent ensemble une programmation qui se renouvelle régulièrement, et qui fait connaître à la fois les auteurs classiques et les contemporains, français et étrangers. Ils jouent Jules Romains, Jean Giraudoux, mais aussi Pirandello, Anouilh, Shaw, Brecht, Schnitzler. Acteurs, ils privilégient le travail qui sert le texte : la réflexion en groupe, l'expression corporelle, les voix. Jusqu'en 1940, le Cartel domine la vie théâtrale française.

F. Les metteurs en scène contemporains

Les metteurs en scène de l'après-guerre doivent tous beaucoup à leurs prédécesseurs. Retenons quelques noms.

Jean Vilar crée **le festival d'Avignon** en 1946, et prend la direction en 1951 du **Théâtre national populaire, TNP** au Palais de Chaillot.

Jean-Louis Barrault, Roger Blin, Jean-Marie Serreau, Roger Planchon promeuvent d'abord pour un public restreint un théâtre d'avant-garde : Ionesco, Beckett, Adamov (voir plus loin). **Roger Planchon** s'installe à Lyon, fonde le Théâtre de la Comédie, puis à partir de 1957 le Théâtre de la Cité de Villeurbanne qui devient **le TNP.**

Antoine Vitez, mort en 1990, est le partisan du théâtre « élitaire pour tous ». Il monte aussi bien Sophocle et Molière que des auteurs contemporains. Ses scénographies travaillent l'espace qui peut être nu ou rythmé de quelques éléments symboliques ou métaphoriques.

Parmi des metteurs en scène essentiels de ces trente dernières années, citons Jean-Pierre Vincent, Patrice Chéreau, Marcel Maréchal, Ariane Mnouchkine, Jacques Nichet, Jean-Louis Martinelli, Georges Lavaudant, Jacques Lassalle, Gildas Bourdet...

II. Les lieux, la multiplicité des publics et le rôle de l'État

Le XXe siècle remet d'abord profondément en cause la conception illusionniste du théâtre que favorise le scène à l'italienne. Les conventions veulent s'afficher. Les rapports scène/salle sont vécus autrement. De plus, la salle à l'italienne n'offre pas à tous une visibilité correcte, et elle divise socialement le public. L'amphithéâtre lui est préféré parce qu'il rapproche la scène et la salle, acteurs et spectateurs. Aujourd'hui, les metteurs en scène retrouvent le plaisir du jeu dans les théâtres à l'italienne ; avec les décorateurs et les scénographes, ils en utilisent toutes les possibilités.

A. Une nouvelle perspective dans les rapports scène/salle

Le décorateur suisse **Adolphe Appia** (1862-1928) publie ***Comment réformer notre mise en scène*** (Paris, 1904) ; dès le début du siècle, il crée un lieu unique où les distances entre la scène et la salle s'abolissent. Plus de rideau de scène, public autour d'un vaste espace scénique qui peut être rond, carré ou rectangulaire, salle modulable, scène à plateau mobile, où les spectateurs peuvent participer différemment au jeu des acteurs. Les propositions retenues sont très diverses mais toutes ont en commun de favoriser l'interpénétration entre la scène et la salle. C'est l'ambition du « **Théâtre total** » dont l'Allemand **Gropius** rêvait, dès 1924. La mise en scène s'en trouve la plupart du temps complexifiée, l'espace étant un objet signifiant à traiter dans la perspective d'une interprétation du texte à jouer, un lieu à la fois concret et abstrait, emblématique ou métaphorique, et qui n'a jamais d'équivalent dans la réalité. Le plancher de la scène est susceptible de transformations multiples : ses parties peuvent s'élever ou s'abaisser, créant des volumes différents qui peuvent à leur tour restreindre, élargir, fragmenter l'aire de jeu, mais aussi désigner l'espace dramaturgique inscrit dans le texte. Les objets et accessoires qui peuvent se rajouter, s'émancipent de leur signification anecdotique et matérialisent des thèmes, voire des symboles. L'écriture des textes de théâtre aujourd'hui en est forcément infléchie.

B. Le théâtre sort du théâtre

Les lumières à elles seules peuvent déterminer un espace théâtral ; le public est amené à voir du théâtre dans des lieux extrêmement divers, et très éloignés des salles spécialisées : cours d'hôtel particulier, église, cloître, jardins, hangar, monuments historiques, mais aussi site naturel et industriel. Ariane Mnouchkine est installée depuis 1970 dans les bâtiments désaffectés d'une fabrique de munitions : la Cartoucherie de Vincennes.

C. La décentralisation ou le théâtre à la recherche de nouveaux publics

Tout au long du siècle, les villes, départements, régions s'impliquent dans une politique culturelle favorisant le théâtre. En 1895, **Maurice Pottecher** fonde à Bussang, dans les Vosges, **le**

Théâtre du Peuple, juste avant la Première Guerre mondiale. On se souvient de l'œuvre de Firmin Gémier et de son Théâtre national ambulant ; en 1945, Jeanne Laurent lance la politique de décentralisation du théâtre qui permettra à de grands metteurs en scène, de créer de grands auteurs dans des lieux vite célèbres : le Grenier de Toulouse, la Cour d'honneur du Palais des Papes en Avignon.

D. Les différentes formes de l'aide publique aujourd'hui

Un grand nombre de troupes et de salles sont subventionnées.

La Comédie-Française, le Théâtre de Chaillot, l'Odéon-Théâtre de l'Europe, le Théâtre de la Colline à Paris, et le Théâtre national de Strasbourg ont un statut de Théâtre national.

Il existe de plus des Scènes nationales, des Centres dramatiques nationaux et régionaux, des Compagnies indépendantes dont un certain nombre reçoivent une subvention du ministère de la Culture et des collectivités locales.

Parallèlement existe un théâtre privé qui ne reçoit pas de subvention.

III. La dramaturgie : entre tradition et révolution

A. Les influences décisives

1. Le théâtre oriental

Les metteurs en scène et les auteurs découvrent l'importance du corps dans les rituels théâtraux de l'Orient indien, chinois et japonais. Les costumes et les gestes sont codifiés, le dialogue occupe peu, voire pas de place. L'action dramatique intègre le chant, la danse, le combat. Le rôle du corps dans ce jeu stylisé, chorégraphié, le héros décentré par rapport à l'action, ont inspiré Claudel, Brecht, Artaud.

2. L'expressionnisme septentrional

Ce mouvement s'exprime d'abord dans la peinture du Norvégien Edvard Munch dont le tableau intitulé *Le Cri* est une œuvre emblématique de l'expressionnisme. La littérature et le cinéma subiront les influences déterminantes de cette esthétique qui traque les manifestations de l'inconscient. Ainsi, les héros de Strindberg, souvent à la recherche d'eux-mêmes, inspireront Beckett, Ionesco, Adamov dont les personnages subissent une véritable dilution de leur identité. Les déformations picturales trouveront leur équivalent dans une dramaturgie libérée du découpage en actes et en scènes au sens classique du terme. Le temps dramatique n'est plus régi dans une logique d'unité comptabilisable mais par tableaux juxtaposés qui matérialisent plus justement le temps intérieur de l'homme.

Cependant la production théâtrale du XXe siècle conserve des formes dramaturgiques traditionnelles même quand les options idéologiques des auteurs divergent.

B. Permanence de la tradition

1. Le théâtre naturaliste

Le théâtre naturaliste fonde une nouvelle conception du tragique à travers le déterminisme social ; le théâtre naturaliste français est toutefois peu important par rapport aux théâtres naturalistes anglais, allemand et scandinave. En 1881 Zola écrit *Le naturalisme au théâtre* et proclame la nécessité de « descendre à l'analyse expérimentale et à l'étude anatomique de chaque être » ; les principaux romans des Rougon-Macquart seront adaptés pour le théâtre et mis en scène par Antoine.

2. La relecture des mythes antiques

Elle est illustrée par **Giraudoux** (1882-1944), dans *Électre* et *La guerre de Troie n'aura pas lieu*[1] mais aussi par **Anouilh** (1910-1987) dans *Antigone*[2], **Sartre** (1905-1980) dans *Les Mouches* et **Cocteau** (1889-1963) dans *La Machine infernale*. Elle renouvelle le tragique sans recréer la tragédie dans la mesure où les jeux de langage, l'utilisation de registres de langue variés, la présence de certains personnages grotesques provoquent sourires et rires. Le mélange des tons est plus propice à dénoncer le présent, la guerre, les lois de l'Occupation ; à exposer la délicate dialectique de la loi et du devoir. L'éclatement de la notion de genre est déjà consommée.

3. Le théâtre « psychologique »

Il se réclame de la plus grande tradition classique, en particulier chez **Henri de Montherlant** (1895-1972), auteur de pièces historiques et chrétiennes, qui revendique les influences conjuguées de la tragédie grecque, la tragédie racinienne, et du théâtre nô japonais. L'action y est très simple, la langue très travaillée.

4. Le théâtre engagé de Sartre et de Camus (1913-1960)

Il se coule dans le moule ancien. Il ne crée pas un nouveau langage dramaturgique. Il délivre un discours philosophique et politique. Dans le théâtre de Sartre et de Camus, le langage rend rationnellement compte de l'irréductible irrationalité du monde. C'est un paradoxe que certains dramaturges contemporains ont dépassé en inventant un nouveau langage dramatique.

1. Voir les études sur les œuvres sus-indiquées dans la collection « Résonances ».
2. Voir l'étude sur *Les Mains sales* de Sartre par J. Labesse et sur *Les Justes* de Camus dans la collection « Résonances ».

C. Révolution dans l'écriture dramaturgique

1. Les précurseurs

✓ ***Le théâtre symboliste***

Il est le contraire esthétique du théâtre naturaliste. À la représentation du vrai et du réel sur scène, les symbolistes préfèrent l'expérience poétique ; le texte est l'essentiel ; composé de nombreux récitatifs, ne nécessitant pas de décor, il permet au spectateur d'exercer son imagination. Ainsi de *Pelléas et Mélisande* de Maurice **Maeterlinck** (1862-1949).

✓ ***Le théâtre de la parodie***

Alfred Jarry (1873-1907) et son *Ubu roi* provoquent le scandale en 1896. La pièce en un acte, qui « se passe en Pologne, c'est-à-dire nulle part », fait la satire de toutes les tyrannies en mettant en scène un gueux devenu roi ; la mise en scène de Lugné-Poe utilise, à la demande de l'auteur, les ressources du Guignol (une tête de cheval en carton), des masques, des pancartes pour signifier les changements de lieux, un seul acteur pour figurer la foule ou l'armée (même si le texte évoque explicitement un pluriel), une « voix spéciale » pour Ubu, des costumes « modernes » et « sordides ». Jarry est le précurseur du théâtre surréaliste.

✓ ***Le surréalisme au théâtre***

En 1917, **Guillaume Apollinaire** crée un « drame burlesque », *Les Mamelles de Tirésias.* Le danseur Diaghilev chorégraphie *Parade*, ballet dont le livret est de **Cocteau**, la musique d'Éric Satie, et les décors de Picasso. Ces spectacles où la violence le dispute à l'inattendu et à l'absurde ont peu de public mais rendent compte d'une volonté de trouver une esthétique théâtrale de l'art pour l'art. **Roger Vitrac** (1899-1952) qui parodie le drame bourgeois avec *Victor ou les enfants au pouvoir* et surtout **Antonin Artaud** (1896-1948) sont les théoriciens du théâtre surréaliste.

✓ *Le théâtre de Paul Claudel (1868-1955)*

Il mérite, par sa diversité, une place à part ; auteur de drames historiques, métaphysiques, cosmiques, il repense la dramaturgie ; dans *Le soulier de satin* , il remplace les actes par des « journées » et tente le pari de représenter un temps discontinu ou simultané, des lieux différents. Claudel, par ailleurs, prône l'ostentation des conventions théâtrales que constituent le décor ou les accessoires.

2. Les théoriciens

✓ *Artaud et la cruauté*

Antonin Artaud réunit ses textes théoriques de metteur en scène dans *Le Théâtre et son double.* Il revendique un langage théâtral qui serait débarrassé du texte, consacrerait le geste, la musique, la danse, et la pantomime et donnerait naissance à un spectacle total, une cérémonie d'où toute psychologie serait exclue au profit de la célébration violente du mythe. Ces textes ont profondément marqué certains grands créateurs de spectacles, par exemple les polonais Jersy Grotowski avec son Théâtre-Laboratoire de Wroclaw et Tadeusz Kantor.

✓ *Brecht et la distanciation*

Brecht (1896-1956) engage une croisade contre le théâtre aristotélicien, le théâtre de la mimésis*. Son engagement politique en faveur du développement de l'idéologie marxiste le conduit à inventer le concept de « distanciation ». Il s'agit, par un théâtre dit « épique », de détourner le spectateur de l'illusion réaliste pour le désaliéner et l'amener à réfléchir. Les personnages sont quelquefois présentés au public, on anticipe sur leur destin, des chants interviennent et rompent l'action, des panneaux la commentent et indiquent les lieux. Tout contribue à rendre le spectateur actif, et l'acteur sans émotion parce qu'il ne joue pas un personnage dans un récit mais un rôle dans l'Histoire.

3. Le tragique de l'absurde

✓ *Beckett (1906-1989)*

Son plus grand succès *En attendant Godot* (1953), prouve qu'il y a une version comique du tragique[1]. Ceci n'est qu'en apparence un paradoxe. Le rire de Beckett est grinçant, angoissant. Il dépouille l'homme de son identité sociale, de ses certitudes. Les lieux sont en général indéfinis, le dialogue est minimal, les personnages en nombre très réduits attendent dans une fixité parfois embarrassante pour le spectateur. Du mal être produit se construit le sens. Ce théâtre dit l'angoisse et la solitude.

✓ *Ionesco (1912-1994)*

Le théâtre de l'absurde chez Ionesco est d'abord celui de la défaite du langage qui s'emballe comme une mécanique folle. *La Cantatrice chauve* et *La Leçon* mettent en scène le naufrage rationnel de la logique et la désarticulation du langage. Mais toute fable politique n'est pas absente de ce théâtre, *Rhinocéros* (1959) en témoigne.

4. Les ruptures du théâtre contemporain

✓ *L'éclatement de la notion de genre*

On écrit désormais des pièces sans souligner leur appartenance à un genre codé par la tradition littéraire. Beckett, Ionesco, mais aussi **Adamov** (1908-1970), **Genet** (1910-1986), **Vauthier** (1910-1992)[2], s'ils sont tous héritiers de Jarry, n'ont formé ni école, ni mouvement. Cependant ils s'inscrivent dans une esthétique du refus : refus de l'illusion réaliste, du langage dramatique traditionnel dans sa partition comique/tragique, dans ses cohérences spatio-temporelles, dans ses notions d'exposition, de

---

1. Voir chap. II, 2e partie.
2. Parmi leurs œuvres, on peut citer : *Off-Limits* d'Adamov, *Les Bonnes* de Genet, *Capitaine Bada* de Vauthier.

péripéties, de nœud, de dénouement. Il ne s'agit plus de plaire, mais il ne s'agit pas non plus d'enseigner.

Mme Marie-Claude Hubert[1] distingue deux tendances parmi ces auteurs d'avant-garde : « les auteurs dramatiques qui, à l'instar de Ionesco, d'Adamov et de Beckett, cassent le langage, et les grands lyriques comme Genet ou Vauthier ».

✓ Le langage en question jusqu'à la mise en cause du dialogue

La fonction de communication du langage est mise en doute : illogismes, répétitions, quiproquos, les personnages bégaient ; si l'on peut appeler bégaiement la disparition des principes de toute cohérence dans le discours. Les longs monologues sont nombreux et le dialogue ne maintient quelquefois qu'une fonction de contact. Adamov va jusqu'à créer de faux dialogues. Ses personnages se parlent, sans toutefois qu'il y ait circulation véritable et échange de la parole.

✓ L'irruption du corps dans le brouillage du temps et de l'espace

Le personnage, on l'a déjà dit, n'est plus inscrit dans l'avenir social. Il n'a plus d'état civil, quelquefois plus de prénom. Il a perdu la notion du temps, même si des bribes de son passé peuvent lui revenir à la mémoire. Il se meut très maladroitement et très rarement dans un espace souvent non identifié ou difficilement identifiable. D'où cette dramaturgie de la répétition, répétitions des mêmes mots, des mêmes gestes. Beckett, de plus, dans la lignée d'Artaud, exhibe les corps ; les personnages sont des vieillards handicapés, paralysés ou boiteux qui passent leur temps à se torturer moralement ; les souffrances de ces corps sont explicites dans *En attendant Godot, Fin de partie, La Dernière Bande* que le monologue envahit, le personnage étant seul en scène. On retrouve chez Adamov ce corps victime et souffrant.

---

1. Dans *Le Théâtre*, « Grand Amphi », Bréal.

5. Les dernières années

De la fin du XXe siècle on retiendra sans doute entre autres noms ceux de **Bernard Marie Koltès** mort en 1989, **Jean-Claude Grumberg**, **Philippe Minyana** — on citera *Inventaire et Chambres* — dont les œuvres font l'objet de mises en scène marquantes.

Les frontières entre théâtre, danse, cirque, arts plastiques tendent à s'effacer. Les années 1970 voient l'émergence du happening, événement spectaculaire éphémère né d'une création collective partiellement improvisée, et des performances qui associent étroitement théâtre et arts plastiques.

Un théâtre transformable d'aujourd'hui

1. Scène modulable

2. Gradins modulables

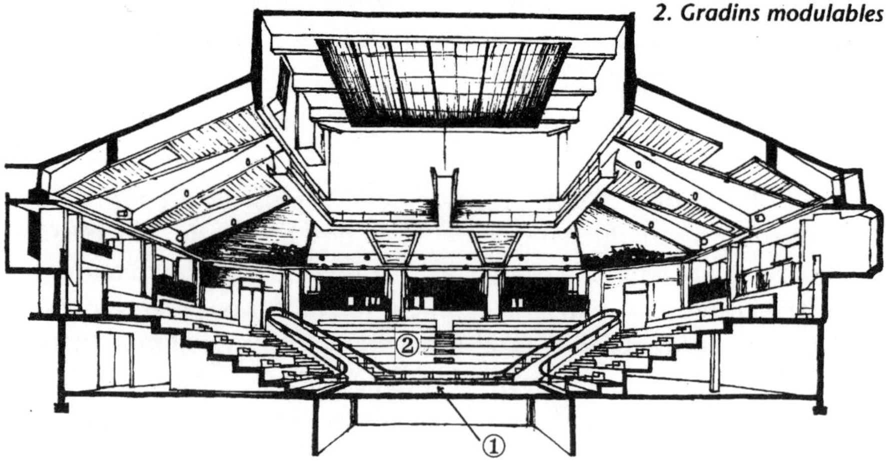

Deuxième partie

Anthologie

I. L'héritage de l'Antiquité dans la comédie

1. Premier parcours : le type comique

Le Soldat fanfaron (vers 200 av. J.-C.)
Plaute (254-184 av. J.-C.)

PYRGOPOLINICES, ARTOTROGUE

PYRGOPOLINICES, à la cantonade. — *Faites en sorte que mon bouclier soit plus brillant que les rayons du soleil quand le temps est serein, afin que, lorsque le moment de m'en servir sera venu, il éblouisse par son éclat les yeux des ennemis rangés en bataille. Je la consolerai, ma chère épée d'être restée si longtemps dans le fourreau, qu'elle ne se lamente point, qu'elle reprenne courage ; la malheureuse, elle est impatiente de hacher les ennemis menus comme chair à pâté. Mais où est donc Artotrogue ?*

ARTOTROGUE. — *Le voici, près d'un héros courageux, favori de la Fortune, qui, dans son maintien, a la majesté d'un roi et du plus grand des guerriers. Mars lui-même n'oserait comparer sa valeur à la vôtre.*

PYRGOPOLINICES. — *Et celui à qui j'ai sauvé la vie dans les champs Gurgustidoiens*[1]*, où Bombomachidès Clutuninstharidysarchides, petit-fils de Neptune, commandait en personne, en qualité de généralissime ?*

1. Nom de pays imaginaire.

ARTOTROGUE. — *Il m'en souvient. Vous parlez sans doute de celui dont l'armure était d'or et dont votre souffle dissipa les légions, comme le vent emporte les feuilles des forêts ou le duvet des roseaux.*

PYRGOPOLINICES. — *Parbleu ! ce n'est là qu'une bagatelle.*

ARTOTROGUE. — *À la vérité, ce n'est rien en comparaison de vos autres exploits,* (à part), *de tout ce que vous n'avez jamais fait !* (Au public.) *Si quelqu'un trouve un homme plus parjure, plus vain que celui-là, j'entre de bon cœur à son service, quand j'y devrais mourir de faim, et n'y manger que de mauvais fromage*

PYRGOPOLINICES. — *Où es-tu donc ?*

ARTOTROGUE. — *Me voici. Et quand vous rompîtes le bras d'un coup de poing à cet éléphant des Indes ?*

PYRGOPOLINICES. — *Comment, le bras ?*

ARTOTROGUE. — *J'ai voulu dire la cuisse.*

PYRGOPOLINICES. — *Bon ! je n'y employai pas toute ma force.*

ARTOTROGUE. — *Par ma foi ! si vous eussiez employé tous vos moyens, votre bras aurait transpercé la peau, les entrailles, et la tête de l'éléphant.*

PYRGOPOLINICES. — *Ne parlons point maintenant de ces misères-là...*

ARTOTROGUE. — *Vous avez raison ; car il me serait impossible de raconter tous ceux de vos exploits dont j'ai connaissance.* (À part) *La faim me réduit à cette extrémité. Mes oreilles doivent écouter patiemment ses fanfaronnades, de peur que mes dents ne s'allongent. Je suis forcé d'applaudir aux fables qu'il débitera. [...] Que vous dirais-je e que tout l'univers ne sache. que Pyrgopolinices est le seul au monde que sa valeur, sa belle physionomie, ses glorieux exploits rendent incomparables. Aussi bien fait que vous l'êtes, vous êtes l'idole de toutes les femmes ; témoins celles qui me tirèrent hier par mon manteau.*

PYRGOPOLINICES. — *Que dirent-elles hier ?*

ARTOTROGUE. — *Elles me questionnèrent Ne serait ce point Achille que vous servez me disait l'une ? Non, c'est son frère ai-je répondu. Sans mentir, me dit l'autre, c'est la beauté personnifiée ; son visage est charmant ! que sa chevelure est belle ! heureuses les femmes qu'il honore de ses faveurs !*

PYRGOPOLINICES. — *Comment ? elles te disaient cela ?*

ARTOTROGUE. — Deux d'entre elles me supplièrent de vous faire passer aujourd'hui devant leur maison comme en pompe solennelle[1].

PYRGOPOLINICES. — En vérité, on est quelquefois malheureux d'être bel homme. [...]

Acte I, scène 1. Traduction de J.-B. Levée, © GF-Flammarion.

L'Illusion comique (1636)

Corneille (1606-1684)

Clindor, un jeune homme qui a fui sa famille, a dû entrer au service de Matamore, « un brave » de la région de Bordeaux. À l'apparition du premier danger, celui ci ira prudemment se cacher.

CLINDOR, MATAMORE

CLINDOR. — Quoi ! Monsieur, vous rêvez ! et cette âme hautaine
Après tant de beaux faits semble être encore en peine !
N'êtes-vous point lassé d'abattre des guerriers,
Soupirez-vous après quelques nouveaux lauriers
MATAMORE. — Il est vrai que je rêve, et ne saurais résoudre
Lequel je dois des deux le premier mettre en poudre.
Du grand Sophi de Perse, ou bien du grand Mogor[2]
CLINDOR. — Et de grâce, Monsieur, laissez-les vivre encor !
Qu'ajouterait leur perte à votre renommée ?
Et puis quand auriez-vous rassemblé votre armée ?
MATAMOR. — Mon armée ! ah, poltron ! ah, traître ! pour leur mort
Tu crois donc que ce bras ne soit pas assez fort !
Le seul bruit de mon nom renverse les murailles,
Défait les escadrons et gagne les batailles
[...]
Le foudre est mon canon, les destins mes soldats ;
Je couche d'un revers mille ennemis à bas ;
D'un souffle je réduis leurs projets en fumée,
Et tu m'oses parler cependant d'une armée !
Tu n'auras plus l'honneur de voir un second Mars,
Je vais t'assassiner d'un seul de mes regards,

---

1. C'est-à-dire en procession.
2. Sophi désigne le souverain de Perse, et Mogor est une déformation de Mogol, dynastie qui régna sur le Nord de l'Inde.

Veillaque[1]. Toutefois, je songe à ma maîtresse,
Le penser m'adoucit ; va, ma colère cesse,
[...]
Quand je veux, j'épouvante, et quand je veux, je charme,
Et, selon qu'il me plaît, je remplis tour à tour
Les hommes de terreur, et les femmes d'amour.
Du temps que ma beauté m'était inséparable,
Leurs persécutions me rendaient misérable
Je ne pouvais sortir sans les faire pâmer ;
Mille mouraient par jour à force de m'aimer ;
J'avais des rendez-vous de toutes les princesses ;
Les reines à l'envi mendiaient mes caresses ;
Celle d'Éthiopie, et celle du Japon
Dans leurs soupirs d'amour ne mêlaient que mon nom ;
De passion pour moi deux sultanes troublèrent[2],
Deux autres pour me voir du sérail s'échappèrent ;
J'en fus mal quelque temps avec le Grand Seigneur[3] ! [...]

Acte II, scène 2.

- **Quelles caractéristiques communes trouve-t-on chez Pyrgopolinices et chez Matamore ?**
  Leurs portraits psychologiques vous semblent-ils approfondis ? Vous semblent-ils vraisemblables ? Quel type comique ces deux personnages illustrent-ils ?
- **Quels liens les unissent respectivement à Artotrogue et à Clindor ? Quelle fonction dramaturgique est attribuée aux personnages d'Artotrogue et de Clindor ? Qualifiez le personnage d'Artotrogue.**
- **Étudiez les principaux procédés rhétoriques mis en œuvre par Corneille sur le modèle de Plaute dans la tirade de Pyrgopolinices.**

Travaux d'écriture

À votre tour, proposez une tirade ou un dialogue qui réutilise les mêmes procédés rhétoriques. Vous actualiserez le ou les personnages que vous ferez parler.

1. Déformation d'un mot espagnol qui signifie coquin, lâche.
2. Il faut comprendre « se troublèrent ».
3. Le chef de l'empire ottoman appelé aussi le grand turc.

Pour aller plus loin

- Le soldat fanfaron, présent dès l'Antiquité, chez Plaute et également chez Aristophane dans *Les Acharniens*, fait partie des personnages de la **commedia dell'arte**[1].
- La commedia se moquait vraisemblablement à travers lui des soldats espagnols qui occupaient l'Italie. Le nom propre de Matamore est passé dans la langue pour signifier un fanfaron.
- On retrouve le comique qui naît d'un personnage grotesque, « fort en gueule » et transi de peur, avec le personnage d'**Ubu d'Alfred Jarry**[2].

II. Deuxième parcours : les relations père-fils

La Comédie des ânes (212)

Plaute

Déménète consent à aider son fils Argyrippe à racheter la jeune Philénie sa maîtresse, à condition qu'Argyrippe lui cède la première nuit avec la belle.

ARGYRIPPE, DÉMÉNÈTE, PHILÉNIE

ARGYRIPPE. — Allons, mettons nous à table, mon père.
DÉMÉNÈTE. — Comme tu voudras, mon enfant ; allons y !
ARGYRIPPE. — Petits, apportez la table.
DÉMÉNÈTE. — Cela ne t'est pas désagréable, mon fils, si elle prend place à côté de moi ?
ARGYRIPPE. — La piété, mon père, épargne le chagrin à mes yeux ; j'ai beau être amoureux d elle, je puis cependant me résigner à ne pas être fâché qu'elle soit auprès de toi.

---

1. Se reporter au chap. II de la 1re partie.
2. On pense surtout à l'épisode de l'ours, scène 6 de l'acte IV. Jarry publie *Ubu roi* en 1896.

DÉMÉNÈTE. — Il faut qu'un jeune homme soit respectueux, Argyrippe !
ARGYRIPPE. — Certes, mon père, et tu mérites bien que je le sois.
DÉMÉNÈTE. — Allons, dans ces conditions, passons un repas plaisant, à boire et à converser agréablement ; je ne yeux pas qu'il y ait de la crainte, je préfère qu'il y ait de l'affection, mon fils, entre toi et moi.
ARGYRIPPE. — Mais, par Pollux, j'éprouve l'une et l'autre, comme le doit un fils.
DÉMÉNÈTE. — Je te croirai, si je te vois joyeux.
ARGYRIPPE. — Tu crois peut-être que je suis triste ?
DÉMÉNÈTE. — Je le crois, en voyant que tu es aussi chagrin que si l'on venait de te signifier une assignation !
ARGYRIPPE. — Ne dis pas cela.
DÉMÉNÈTE. — Ne sois pas ainsi, et aussitôt je me tairai.
ARGYRIPPE. — Regarde-moi, tiens, je ris.
DÉMÉNÈTE. — Puissent ceux qui me veulent du mal rire de la sorte !
ARGYRIPPE. — Je sais bien, mon père, pourquoi tu crois que maintenant je suis triste avec toi : parce qu'elle est auprès de toi. Eh bien, certes, par Hercule, mon père, à te dire vrai, cela me tracasse ; non que je ne souhaite pas ce que tu désires toi-même ; mais je suis amoureux d'elle ; si une autre était avec toi, je pourrais m'en consoler le plus aisément du monde.
DÉMÉNÈTE. — Mais c'est celle-ci que je désire.
ARGYRIPPE. — Donc, tu as ce que tu souhaites ; moi, je voudrais bien avoir ce que je souhaite !
DÉMÉNÈTE. — Pour aujourd'hui, résigne-toi, puisque je t'ai donné le moyen d'être avec elle une année entière, et que j'ai fourni l'argent pour tes amours.
ARGYRIPPE. — Ah, qu'en agissant : ainsi, tu m'as fait ton obligé !
DÉMÉNÈTE. — Alors, pourquoi ne me montres-tu pas un visage riant ? [...]

Plaute, *La Comédie des ânes*, acte V, scène 1.
Traduction de Pierre Grimal, *in Théâtre complet*, t. 1, © Gallimard.

L'Avare (1668)
Molière (1622-1673)

Harpagon veut faire avouer à son fils Cléante qu'il aime Mariane alors qu'il a lui-même l'intention de l'épouser.

HARPAGON, CLÉANTE

[...] HARPAGON. — Si bien donc que tu n'aurais pas d'inclination pour elle ?
CLÉANTE. — Moi ? point du tout.
HARPAGON. — J'en suis fâché, car cela rompt une pensée qui m'était venue dans l'esprit. J'ai fait, en la voyant ici, réflexion sur mon âge, et j'ai songé qu'on pourra trouver à redire de me voir marier à une si jeune personne. Cette considération m'en faisait quitter le dessein ; et, comme je l'ai fait demander et que je suis pour elle engagé de parole, je te l'aurais donnée, sans l'aversion que tu témoignes.
CLÉANTE. — À moi ?
HARPAGON. — À toi.
CLÉANTE. — En mariage ?
HARPAGON. — En mariage.
CLÉANTE. — Écoutez ; il est vrai qu'elle n'est pas fort à mon goût ; mais pour vous faire plaisir, mon père, je me résoudrai à l'épouser, si vous voulez.
HARPAGON. — Moi ? je suis plus raisonnable que tu ne penses : je ne veux point forcer ton inclination.
CLÉANTE. — Pardonnez-moi, je me ferai cet effort pour l'amour de vous.
HARPAGON. — Non, non : un mariage ne saurait être heureux où l'inclination n'est pas.
CLÉANTE. — C'est une chose, mon père, qui peut-être viendra ensuite ; et l'on dit que l'amour est souvent un fruit du mariage.
HARPAGON. — Non, du côté de l'homme on ne doit point risquer l'affaire, et ce sont des suites fâcheuses, où je n'ai garde de me commettre[1]. Si tu avais senti quelque inclination pour elle, à la bonne heure, je te l'aurais fait épouser, au lieu de moi, mais, cela n'étant pas, je suivrai mon premier dessein, et je l'épouserai moi-même.

---

1. Auxquelles je ne prends pas le risque de m'exposer.

CLÉANTE. — *Eh bien, mon père, puisque les choses sont ainsi, il faut vous découvrir mon cœur, il faut vous révéler notre secret. La vérité est que je l'aime depuis un jour que je la vis dans une promenade ; que mon dessein était tantôt de vous la demander pour femme, et que rien ne m'a retenu que la déclaration de vos sentiments et la crainte de vous déplaire. [...]*

HARPAGON. — *Et la fille correspond-elle*[1] *fort à votre amour ?*

CLÉANTE. — *Si j'en dois croire les apparences, je me persuade, mon père, qu'elle a quelque bonté pour moi.*

HARPAGON (bas à part). — *Je suis bien aise d'avoir appris un tel secret, et voilà justement ce que je demandais.*

(haut) *Oh ! sus*[2]*, mon fils, savez-vous ce qu'il y a ? C'est qu'il faut songer, s'il vous plaît, à vous défaire de votre amour, à cesser toutes vos poursuites auprès d'une personne que je prétends pour moi, et à vous marier dans peu avec celle qu'on vous destine.*

CLÉANTE. — *Oui, mon père, c'est ainsi que vous me jouez ! Eh bien ! puisque les choses en sont venues là, je vous déclare, moi, que je ne quitterai point la passion que j'ai pour Mariane, qu'il n'y a point d'extrémité où je ne m'abandonne pour vous disputer sa conquête, et que, si vous avez pour vous le consentement d'une mère j'aurai d'autres secours peut être qui combattront pour moi.*

HARPAGON. — *Comment, pendard ! tu as l'audace d'aller sur mes brisées*[3] *!*

CLÉANTE. — *C'est vous qui allez sur les miennes, et je suis le premier en date.*

HARPAGON. — *Ne suis-je pas ton père ? et ne me dois tu pas respect ?*

CLÉANTE. — *Ce ne sont point ici des choses où les enfants soient obligés de déférer aux pères, et l'amour ne connaît personne.*

HARPAGON. — *Je te ferai bien me connaître a coups de bâton.*

CLÉANTE. — *Toutes vos menaces ne feront rien*

HARPAGON. — *Tu renonceras à Mariane.*

CLÉANTE. — *Point du tout.*

HARPAGON. — *Donnez-moi un bâton tout à l'heure.*

Acte IV, scène 3.

---

1. Répond-elle.
2. Interjection à valeur de défi.
3. Aller sur les brisées de quelqu'un, c'est profiter de la place qui a été préparée pour lui.

- **Analysez le comique des situations et des rapports entre les personnages dans ces deux textes.**
- **Quelles différences remarquez vous cependant entre les auteurs dans le traitement de ces scènes de comédie ?**

Travail d'écriture

Bergson, dans son essai sur le rire[1] considère que le rire ne peut naître que si le spectateur est insensible et indifférent aux personnages et aux situations. Si on en croit cette analyse, on peut affirmer que bien des comédies tourneraient au drame si on les regardait avec un œil compatissant. Développez cette affirmation en vous appuyant sur les textes ci-dessus et sur d'autres textes comiques que vous connaissez.

III. Troisième parcours : la relation maître-valet

La Comédie du fantôme (190)
Plaute

Pendant que son père est parti faire du commerce, Philolachès mène joyeuse vie avec une jeune courtisane. Il s'apprête à festoyer quand son esclave, Tranion, arrive.

TRANION, PHILOLACHÈS

[...] PHILOLACHÈS. — Bravo, voilà les provisions ; voici Tranion qui revient du port.
TRANION. — Philolachès !
PHILOLACHÈS. — Qu'y a-t-il ?
TRANION. — Toi et moi...
PHILOLACHÈS. — Quoi, toi et moi ?
TRANION. — Nous sommes perdus.

1. Bergson, *Le Rire*, PUF.

PHILOLACHÈS. — Et pourquoi donc ?
TRANION. — Le père est là
PHILOLACHÈS. — Qu'est-ce que tu me racontes ?
TRANION. — Nous sommes finis. Ton père, te dis-je, est ici !.
PHILOLACHÈS. — Tu l'as vu toi-même ?
TRANION. — Oui, te dis-je, moi-même.
PHILOLACHÈS. — Assurément ?
TRANION. — Assurément, te dis-je.
PHILOLACHÈS. — Je suis mort, si tu dis vrai.[...]
TRANION. — Reprends courage ; moi, je vais trouver bon remède à ta peur.
PHILOLACHÈS. — C'en est fait de moi !
TRANION. — Tais-toi ; je vais imaginer quelque chose pour calmer l'orage. Est-ce que cela te suffit si je fais en sorte que ton père, à son arrivée, non seulement n'entre pas, mais encore qu'il s'enfuie bien loin de la maison.[...] Peux tu te calmer et faire ce que je te dis.[...] Tout d'abord, fais bien fermer la porte de cette maison et, à l'intérieur, ne permets à personne de dire un mot.
PHILOLACHÈS. — Ce sera fait.
TRANION. — Comme s'il n'y avait pas âme qui vive l'intérieur.
PHILOLACHÈS. — D'accord.
TRANION. — Que personne ne vienne ouvrir, lorsque le vieillard frappera à la porte. [...]
PHILOLACHÈS. — Je me confie, avec tout mon espoir, à ta bonne garde, Tranion. [...]

Plaute, *La Comédie du fantôme*, acte II, scène 1.
Traduction de Pierre Grimal, *in Théâtre complet*, t. 2, © Gallimard.

Les Fourberies de Scapin (1671)
Molière

En l'absence de son père, le jeune Octave a épousé Hyacinthe de naissance inconnue. Le retour inopiné du père plonge les jeunes gens dans l'angoisse. Ils implorent l'aide du valet Scapin.

SCAPIN, OCTAVE, SYLVESTRE DOMESTIQUE

[...] SCAPIN. — Chut ! (À Hyacinte.) *Allez-vous-en, vous, et soyez en repos. (À* Octave.) *Et vous, préparez-vous à soutenir avec fermeté l'abord de votre père.*

OCTAVE. — Je t'avoue que cet abord me fait trembler par avance, et j'ai une timidité naturelle que je ne saurais vaincre.
SCAPIN. — Il faut pourtant paraître ferme au premier choc, de peur que, sur votre faiblesse, il ne prenne le pied de vous mener comme un enfant. Là, tâchez de vous composer par étude[1]*. Un peu de hardiesse, et songez à répondre résolument sur tout ce qu'il pourra vous dire.*
OCTAVE. — Je ferai du mieux que je pourrai.
SCAPIN. — Çà, essayons un peu, pour vous accoutumer. Répétons un peu votre rôle et voyons si vous ferez bien. Allons. La mine résolue, la tête haute, les regards assurés.
OCTAVE. — Comme cela ?
SCAPIN. — Encore un peu davantage.
OCTAVE. — Ainsi ?
SCAPIN. — Bon – Imaginez-vous que je suis votre père qui arrive, et répondez-moi fermement, comme si c'était à lui-même. « Comment ! pendard, vaurien, infâme fils indigne d'un père comme moi, oses-tu bien paraître devant mes yeux, après tes bons déportements, après le lâche tour que tu m'as joué pendant mon absence ? Est-ce là le fruit de mes soins, maraud ? est-ce là le fruit de mes soins le respect qui m'est dû ? le respect que tu me conserves » Allons donc ! « Tu as l'insolence, fripon, de t'engager sans le consentement de ton père, de contracter un mariage clandestin ? Réponds-moi, coquin, réponds-moi Voyons un peu tes belles raisons ». Oh ! que diable ! vous demeurez interdit !
OCTAVE. — C'est que je m'imagine que c'est mon père que j'entends.
SCAPIN. — Eh ! oui. C'est par cette raison qu'il ne faut pas être comme un innocent.
OCTAVE. — Je m'en vais prendre plus de résolution et je répondrai fermement.
SCAPIN. — Assurément ?
OCTAVE. — Assurément.
SYLVESTRE. — Voilà votre père qui vient.
OCTAVE, s'enfuyant. — *Ô Ciel ! je suis perdu*

1. Travaillez le rôle que vous allez jouer.

SCAPIN. — Holà ! Octave, demeurez, Octave ! Le voilà enfui. Quelle pauvre espèce d'homme ! Ne laissons pas d'attendre le vieillard.
SYLVESTRE. — Que lui dirai-je ?
SCAPIN. — Laisse-moi dire, moi, et ne fais que me suivre.

Acte I, scène 3.

Le Barbier de Séville (1775)

Beaumarchais (1732-1799)

Figaro ancien valet du comte Almaviva retrouve ce dernier à Séville. Le comte Almaviva raconte à Figaro son amour pour Rosine, pupille du vieux médecin Bartholo, qui la séquestre. Figaro lui apprend qu'il est le locataire, le barbier, le chirurgien et l'apothicaire de Bartholo.

[...] LE COMTE embrasse Figaro. *— Ah ! Figaro, mon ami, tu seras mon ange, mon libérateur, mon dieu tutélaire*[1].
FIGARO. — Peste ! comme l'utilité vous a bientôt rapproché les distances ! Parlez moi de gens passionnés !
LE COMTE. — Heureux Figaro, tu vas voir ma Rosine ! tu vas la voir ! Conçois tu ton bonheur ?
FIGARO. — C'est bien là un propos d'amant ! Est-ce que je l'adore, moi ? Puissiez vous prendre ma place !
LE COMTE. — Ah si l'on pouvait écarter tous les surveillants [...].
FIGARO, rêvant. *— Je cherche dans ma tête si la pharmacie ne fournirait pas quelques petits moyens innocents.*
LE COMTE. — Scélérat !
FIGARO. — Est-ce que je veux leur nuire ? Ils ont tous besoin de mon ministère. Il ne s'agit que de les traiter ensemble.
LE COMTE. — Mais ce médecin peut prendre un soupçon.
FIGARO. — Il faut marcher si vite, que le soupçon n'ait pas le temps de naître. Il me vient une idée : le régiment de Royal-Infant arrive en cette ville
LE COMTE. — Le colonel est de mes amis
FIGARO. — Bon. Présentez-vous chez le docteur en habit de cavalier, avec un billet de logement ; il faudra bien qu'il vous héberge ; et moi, je me charge du reste.
LE COMTE. — Excellent !

---

1. Protecteur.

FIGARO. — Il ne serait même pas mal que vous eussiez l'air entre deux vins...
LE COMTE. — À quoi bon ?
FIGARO. — Et le mener un peu lestement sous cette apparence déraisonnable.
LE COMTE. — À quoi bon ?
FIGARO. — Pour qu'il ne prenne aucun ombrage, et vous croie plus pressé de dormir que d'intriguer chez lui.
LE COMTE. — Supérieurement vu ! Mais que n'y vas-tu, toi ?
FIGARO. — Ah ! oui, moi ! Nous serons bien heureux s'il ne vous reconnaît pas, vous qu'il n'a jamais vu. Et comment vous introduire après ?

LE COMTE. — Tu as raison.
FIGARO. — C'est que vous ne pourrez peut-être pas soutenir ce personnage difficile. Cavalier... pris de vin...
LE COMTE. — Tu te moques de moi. Prenant un ton ivre *N'est ce point ici la maison du docteur Bartholo, mon ami ?*
FIGARO. — Pas mal en vérité ; vos jambes seulement un peu plus avinées. (d'un ton plus ivre) *N'est-ce pas la maison ? [...]*
LE COMTE. — La porte s'ouvre.
FIGARO. — C'est notre homme ; éloignons nous jusqu'à ce qu'il soit parti.

Acte I, scène 4.

Ces trois textes mettent en scène le maître et l'esclave ou le maître et le valet qui forment un couple de comédie traditionnel.

- **Quelle est, chaque fois, la situation dans laquelle le maître se trouve par rapport à son serviteur ?**
- **Quel est le rapport de force qui s'établit entre eux dans ces scènes ? Qu'a-t-il de surprenant ?**
- **À partir de ces extraits, vous est-il possible de caractériser le rôle joué par le serviteur dans la comédie ?**

Exercices

Travaux d'écriture

• Avez vous été surpris par les ressemblances découvertes entre les scènes proposées ? Que penser de ces « emprunts » que se font les auteurs par-delà les siècles ? Imitation ou plagiat ? Le journal *Le Monde* a publié[1] un article qui constate que dans la civilisation occidentale, le « culte rendu au seul original se heurte à la réalité des faits, et [qu'] on peut soutenir au contraire que la copie a été un des instruments fondateurs de notre civilisation ». Ces questions et ces remarques pourraient faire l'objet d'un débat en classe dont vous rendriez compte par écrit.

• En ce qui concerne le cas particulier de la comédie, on peut se tourner vers la réflexion de Charles Mauron[2] pour qui la comédie perpétue des types comiques et des situations toujours semblables, parce que la comédie, quelle qu'en soit l'époque, fait appel à des mécanismes psychiques profonds. Charles Mauron parle à propos des relations père-fils ou maître-valet, de « **fantaisie de triomphe** » qui réjouit le spectateur quand il voit le plus faible triompher du plus fort.

Votre expérience personnelle de spectateurs ou de lecteur, notamment des textes proposés ci-dessus, vous permet-elle de comprendre et d'illustrer le propos de Charles Mauron ?

Lectures personnelles conseillées

Corneille, *L'Illusion comique*
Molière, *Les Fourberies de Scapin, L'Avare*

1. *Le Monde* du 27 octobre 1999. Propos de Jean-Pierre Babelon.
2. Charles Mauron, *Psychocritique du genre comique*, Joseph Corti.

II. Le personnage tragique

I. Premier parcours : le dilemme

Le Cid (1636)
Corneille (1606-1684)

Don Diègue, le père de Rodrigue a été nommé par le roi gouverneur du prince de Castille. Jaloux, le comte, père de Chimène, lui donne un soufflet. Rodrigue et Chimène s'aiment Cela n'empêche pas Don Diègue de demander à Rodrigue de le venger en provoquant en duel le père de Chimène. Rodrigue resté seul en scène exprime son profond désarroi dans un monologue d'un type particulier appelé stances[1].

DON RODRIGUE

Percé jusques au fond du cœur
D'une atteinte imprévue aussi bien que mortelle,
Misérable vengeur d'une juste querelle,
Et malheureux objet d'une injuste rigueur,
Je demeure immobile, et mon âme abattue
Cède au coup qui me tue.
Si près de voir mon feu[2] récompensé,
0 Dieu, l'étrange peine !
En cet affront mon père est l'offensé,
Et l'offenseur le père de Chimène !

Que je sens de rudes combats !
Contre mon propre honneur mon amour s'intéresse :
Il faut venger un père, et perdre une maîtresse.
L'un m'anime le cœur, l'autre retient mon bras.
Réduit au triste choix ou de trahir ma flamme,

1. Les stances correspondent à une organisation particulière : une idée par strophe, chaque strophe combine des vers de longueurs variées et des rimes différentes.
2. Feu et flamme désignent le sentiment amoureux.

Ou de vivre en infâme'
Des deux côtés mon mal est infini.
O Dieu, l'étrange peine !
Faut-il laisser un affront impuni ?
Faut-il punir le père de Chimène ?

Père, maîtresse, honneur, amour,
Noble et dure contrainte, aimable[1] tyrannie
Tous mes plaisirs sont morts, ou ma gloire ternie.
L'un me rend malheureux, l'autre indigne du jour.
Cher et cruel espoir[2] d'une âme généreuse,
Mais ensemble – amoureuse,
Digne ennemi de mon plus grand bonheur,
Fer qui causes ma peine,
M'es-tu donné pour venger mon honneur ?
M'es-tu donné pour perdre ma Chimène ?

Il vaut mieux courir au trépas.
Je dois[3] à ma maîtresse aussi bien qu'à mon père :
J'attire en me vengeant sa haine et sa colère ;
J'attire ses mépris en ne me vengeant pas.
À mon plus doux espoir l'un me rend infidèle,
Et l'autre indigne d'elle.
Mon mal augmente à le vouloir[4] guérir ;
Tout redouble ma peine.
Allons, mon âme ; et puisqu'il faut mourir,
Mourons du moins sans offenser Chimène.

Mourir sans tirer ma raison[5] !
Rechercher un trépas si mortel à ma gloire !
Endurer que l'Espagne impute à ma mémoire
D'avoir mal soutenu l'honneur de ma maison !
Respecter un amour dont mon âme égarée,
Voit la perte assurée !
N'écoutons plus ce penser suborneur[6],

---

1. Digne d'être aimé.
2. Rodrigue s'adresse à son épée.
3. J'ai des devoirs.
4. En voulant le guérir.
5. Sans demander des comptes.
6. Cette pensée qui me détourne du devoir.

Qui ne sert qu'à ma peine.
Allons, mon bras, sauvons du moins l'honneur
Puisqu'après tout il faut perdre Chimène.

Oui, mon esprit s'était déçu[1].
Je dois tout à mon père avant qu'à ma maîtresse :
Que je meure au combat, ou meure de tristesse,
Je rendrai mon sang pur comme je l'ai reçu.
Je m'accuse déjà de trop de négligence :
Courons à la vengeance ;
Et tout honteux d'avoir tant balancé,
Ne soyons plus en peine,
Puisqu'aujourd'hui mon père est l'offensé,
Si l'offenseur est père de Chimène.

Acte I, scène 6.

- **Qu'est-ce qui motive le monologue de Rodrigue ? Ce monologue fait-il avancer l'action ?**
- **Sur quels champs lexicaux le dilemme repose-t-il ?**
- **Faites un découpage du texte des strophes 2,3,4,5, qui mette en relief l'alternative ou le dilemme auquel Rodrigue est confronté. Le texte se prête alors à une lecture à deux voix que vous pourrez proposer oralement par deux.**
- **Quelle progression distinguez vous entre les deux derniers vers de la première strophe et les deux derniers vers de la dernière ?**

Bérénice (1670)
Racine (1639-1699)

Titus et Bérénice s'aiment. Elle est palestinienne, il est romain. Il doit l'épouser. Pourtant, à la mort de son père, l'empereur Vespasien qui lui lègue l'empire romain, Titus devenu libre d'agir à sa guise, projette de renvoyer Bérénice en Orient afin de respecter la coutume romaine qui ne veut pas d'une reine étrangère comme femme d'un empereur romain. Avant de rencontrer Bérénice pour lui confirmer sa décision, il demande qu'on le laisse seul.

---

1. S'était trompé.

TITUS

Hé bien ! Titus, que viens-tu faire ?
Bérénice t'attend. Où viens-tu, téméraire[1] ?
Tes adieux sont-ils prêts ? T'es-tu bien consulté ?
Ton cœur te promet-il assez de cruauté ?
Car enfin au combat qui pour toi se prépare
C'est peu d'être constant[2], il faut être barbare.
Soutiendrai-je ces yeux dont la douce langueur
Sait si bien découvrir les chemins de mon cœur ?
Quand je verrai ces yeux armés de tous leurs charmes,
Attachés sur les miens, m'accabler de leurs larmes,
Me souviendrai-je alors de mon triste devoir ?
Pourrai-je dire enfin : « Je ne veux plus vous voir » ?
Je viens percer un cœur qui m'adore, qui m'aime.
Et pourquoi le percer ? Qui l'ordonne ? Moi-même ;
Car enfin Rome a-t-elle expliqué ses souhaits ?
L'entendons-nous crier autour de ce palais ?
Vois-je l'État penchant au bord du précipice ?
Ne le puis-je sauver que par ce sacrifice ?
Tout se tait : et moi seul, trop prompt à me troubler,
J'avance des malheurs que je puis reculer.
Et qui sait si, sensible aux vertus de la reine,
Rome ne voudra point l'avouer[3] pour Romaine ?
Rome peut par son choix justifier le mien.
Non, non, encore un coup, ne précipitons rien.
Que Rome, avec ses lois, mette dans la balance
Tant de pleurs, tant d'amour, tant de persévérance,
Rome sera pour nous. Titus, ouvre les yeux !
Quel air respires-tu ? N'es-tu pas dans ces lieux
Où la haine des rois, avec le lait sucée,
Par crainte ou par amour ne peut être effacée ?
Rome jugea ta Reine en condamnant ses rois.
N'as-tu pas en naissant entendu cette voix ?
Et n'as-tu pas encore ouï la Renommée
T'annoncer ton devoir jusque dans ton armée ?

1. Qui agit à la légère.
2. Ferme.
3. La reconnaître.

Et lorsque Bérénice arriva sur tes pas,
Ce que Rome en jugeait, ne l'entendis-tu pas ?
Faut-il donc tant de fois te le faire redire ?
Ah ! lâche, fais l'amour, et renonce – à l'Empire
Au bout de l'univers, va, cours te confiner,
Et fais place à des cœurs plus dignes de régner.
Sont-ce là ces projets de grandeur et de gloire
Qui devaient dans les cœurs consacrer ma mémoire ?
Depuis huit jours je règne ; et, jusques à ce jour,
Qu'ai-je fait pour l'honneur ? J'ai tout fait pour l'amour
D'un temps si précieux quel compte puis-je rendre ?
Où sont ces heureux jours que je faisais attendre ?
Quels pleurs ai-je séchés ? Dans quels yeux satisfaits
Ai-je déjà goûté le fruit de mes bienfaits ?
L'univers a-t-il vu changer ses destinées ?
Sais-je combien le Ciel m'a compté de journées ?
Et de ce peu de jours si longtemps attendus,
Ah ! Malheureux ! combien j'en ai déjà perdus !
Ne tardons plus : faisons ce que l'honneur exige
Rompons le seul lien…

Acte IV, scène 4.

- **Étudiez les marques de l'énonciation dans le monologue de Titus (pronoms, types de phrases, modes verbaux, qualificatifs que Titus se donne).**
- **Quelle est la place du vers 27 dans l'ensemble du monologue ? Étudiez son rythme. Quelles remarquez pouvez-vous faire à ce propos ?**
- **Comment interprétez-vous la récurrence du terme « Rome » ?**
- **Qu'est ce qui motive la décision finale de Titus ?**

On pourra également rapprocher ces deux scènes de *Andromaque*, acte III, scène 8, et d'*Iphigénie*, acte IV, scène 8 de Racine.

Travaux d'écriture

- **Hegel définit le tragique comme l'écartèlement du héros entre deux exigences contradictoires. Ce propos vous paraît-il rendre compte des deux textes ci-dessus ?**

- **Écrivez un monologue ou un dialogue de théâtre où des personnages contemporains de notre époque expriment leur désarroi dans des termes déchirants.**

II. Deuxième parcours : la question de la responsabilité

Phèdre (1677)
Racine

Au début de la scène, Phèdre, épouse de Thésée exprime sa souffrance et son désir de mourir à sa nourrice. Celle ci la presse de questions et elle finit par avouer le mal qui la ronge : elle aime passionnément Hippolyte, le fils de Thésée. Une fois exprimé le difficile aveu, Phèdre fait à Œnone le récit de cet amour coupable.

PHÈDRE, ŒNONE, nourrice et confidente de PHÈDRE

[...]
PHÈDRE. — Mon mal vient de plus loin. À peine au fils d'Égée
Sous les lois de l'hymen je m'étais engagée,
Mon repos, mon bonheur semblait être affermi ;
Athènes me montra mon superbe ennemi.
Je le vis, je rougis, je pâlis à sa vue ;
Un trouble s'éleva dans mon âme éperdue ;
Mes yeux ne voyaient plus, je ne pouvais parler ;
Je sentis tout mon corps et transir[1] *et brûler ;*
Je reconnus Vénus et ses feux redoutables,
D'un sang qu'elle poursuit[2] *tourments inévitables.*
Par des vœux assidus je crus les détourner :
Je lui bâtis un temple, et pris soin de l'orner ;
De victimes moi-même à toute heure entourée,
Je cherchais dans leurs flancs ma raison égarée.

---

1. Être transi de froid.
2. D'une race qu'elle persécute.

D'un incurable amour remèdes impuissants !
En vain sur les autels ma main brûlait l'encens :
Quand ma bouche implorait le nom de la Déesse,
J'adorais Hippolyte ; et le voyant sans cesse,
Même au pied des autels que je faisais fumer,
J'offrais tout à ce dieu que je n'osais nommer.
Je l'évitais partout. O comble de misère !
Mes yeux le retrouvaient dans les traits de son père.
Contre moi-même enfin j'osai me révolter :
J'excitai mon courage à le persécuter.
Pour bannir l'ennemi dont j'étais idolâtre,
J'affectai les chagrins d'une injuste marâtre ;
Je pressai son exil, et mes cris éternels
L'arrachèrent du sein et des bras paternels.
Je respirais, Œnone ; et depuis son absence,
Mes jours moins agités coulaient dans l'innocence.
Soumise à mon époux, et cachant mes ennuis,
De son fatal hymen je cultivais les fruits.
Vaines précautions ! Cruelle destinée !
Par mon époux lui-même à Trézène amenée,
J'ai revu l'ennemi que j'avais éloigné :
Ma blessure trop vive aussitôt a saigné.
Ce n'est plus une ardeur dans mes veines cachée :
C'est Vénus tout entière à sa proie attachée.
J'ai conçu pour mon crime[1] *une juste terreur ;*
J'ai pris la vie en haine, et ma flamme en horreur.
Je voulais en mourant prendre soin de ma gloire,
Et dérober au jour une flamme si noire :
Je n'ai pu soutenir tes larmes, tes combats ;
Je t'ai tout avoué ; je ne m'en repens pas,
Pourvu que de ma mort respectant les approches,
Tu ne m'affliges plus par d'injustes reproches,
Et que tes vains secours cessent de rappeler
Un reste de chaleur tout prêt à s'exhaler.

Acte I, scène 3.

1. Ma faute.

- **Quelles expressions traduisent les manifestations psychologiques et physiologiques de la passion chez Phèdre ?**
- **Qui Phèdre rend-elle responsable de son sort ? En quoi peut on dire alors qu'elle est un personnage tragique ?**

Les deux textes qui suivent permettent d'évoquer le retour du tragique dans le théâtre contemporain.

En attendant Godot (1952)

Samuel Beckett (1906-1989)

Au début de la pièce, sur « une route à la campagne, avec arbre », Estragon et Vladimir. « Estragon assis sur une pierre essaie d'enlever sa chaussure ». Il y parvient enfin au prix d'un « suprême effort », « la secoue », passe la main à l'intérieur sans rien y trouver.

ESTRAGON, VLADIMIR

[...] VLADIMIR. — Voilà l'homme tout entier, s'en prenant à sa chaussure alors que c'est son pied le coupable. (Il enlève encore une fois son chapeau, regarde dedans, y passe la main, le secoue, tape dessus, souffle dedans, le remet.) *Ça devient inquiétant. (*Silence. Estragon agite son pied, en faisant jouer les orteils, afin que l'air y circule mieux.*) Un des larrons fut sauvé. (*Un temps*). C'est un pourcentage honnête. (*Un temps.*) Gogo...*
ESTRAGON. — Quoi ?
VLADIMIR. — Si on se repentait ?
ESTRAGON. — De quoi ?
*VLADIMIR. — Eh bien... (*Il cherche.*) On n'aurait pas besoin d'entrer dans les détails.*
ESTRAGON. — D'être né ? [...]

Acte I. Éditions de Minuit.

Quai Ouest (1985)

Bernard-Marie Koltès (1948-1989)

Dans un quartier à l'abandon d'unes grande ville portuaire, Charles, un jeune homme, s'adresse à Abad, personnage énigmatique qui restera muet tout au long de la pièce.

[...] Lorsque j'étais un môme, j'avais toujours des poux dans la tête, sous les bras, sur le moindre poil, une colonie de poux noirs installés. Ma vieille me badigeonnait de pétrole mais, quand on les croyait partis, ils revenaient sur la pointe des pieds, et ça recommençait à me démanger. Alors elle me brossait les ongles ; elle disait : il doit y en avoir un qui se cache là-dessous ; elle me faisait boire des tisanes de genêt et d'aspérule pour nettoyer le sang qui trimballe les œufs ; mais il y en avait toujours un qui réussissait à se cacher, et on n'a jamais pu trouver où. Contre le dernier pou, il n'y a rien à faire, il faut laisser tomber. [...]
Il aurait fallu naître autrement. [...]

Éditions de Minuit.

Exercices

Travail d'écriture

▸ Dans son ouvrage[1], Marie-Claude Hubert remarque une permanence du tragique dans le théâtre contemporain : « Les dieux, dans la tragédie gréco-latine, étaient des artisans impitoyables du sort des héros. Le destin s'est intériorisé, dans la tragédie classique, il s'est installé au cœur de l'homme, puisque c'est la passion qui le fonde. [...] Dans le théâtre contemporain, c'est un destin tout aussi inéluctable, mais qui s'est dépouillé de toute la noblesse inhérente à la tragédie. »
Dans quelle mesure les trois textes ci-dessus illustrent-ils ce propos ?

Lectures personnelles conseillées

Corneille, *Le Cid*
Racine, *Bérénice, Phèdre*
Samuel Beckett, *En attendant Godot*
Bernard-Marie Koltès, *Quai Ouest*

1. *Langage et Corps fantasmé dans le théâtre des années 1950*, Librairie José Corti.

III. La mise en scène du discours amoureux

I. Dans la tragédie

Bérénice (1670)
Racine (1639-1699)

Bérénice, reine de Palestine, et Titus, empereur de Rome, s'aiment ; mais le Sénat romain s'oppose à leur union. Bérénice a appris que Titus a résolu de ne pas l'épouser.

BÉRÉNICE, TITUS

[...]
BÉRÉNICE. — Hé bien ! régnez, cruel ; contentez votre gloire :
Je ne dispute[1] plus. J'attendais, pour vous croire,
Que cette même bouche, après mille serments,
D'un amour qui devait unir tous nos moments,
Cette bouche, à mes yeux s'avouant infidèle,
M'ordonnât elle-même une absence éternelle.
Moi-même, j'ai voulu vous entendre en ce lieu.
Je n'écoute plus rien, et pour jamais adieu.
Pour jamais ! Ah ! Seigneur, songez-vous en vous-même
Combien ce mot cruel est affreux quand on aime ?
Dans un mois, dans un an, comment souffrirons-nous,
Seigneur, que tant de mers me séparent de vous ?
Que le jour recommence et que le jour finisse
Sans que jamais Titus puisse voir Bérénice,
Sans que de tout le jour je puisse voir Titus ?
Mais quelle est mon erreur, et que de soins[2] perdus !

---

1. Je ne discute plus.
2. Tourments.

L'ingrat, de mon départ consolé par avance,
Daignera-t-il compter les jours de mon absence ?
Ces jours, si longs pour moi, lui sembleront trop courts.
TITUS. — Je n'aurai pas, Madame, à compter tant de jours.
J'espère que bientôt la triste renommée[1]
Vous fera confesser que vous étiez aimée.
Vous verrez que Titus n'a pu, sans expirer…
BÉRÉNICE. — Ah ! Seigneur, s'il est vrai, pourquoi nous séparer ?
Je ne vous parle point d'un heureux hyménée :
Rome à ne vous plus voir m'a-t-elle condamnée ?
Pourquoi m'enviez-vous[2] *l'air que vous respirez ?*
TITUS. — Hélas ! vous pouvez tout, Madame. Demeurez :
Je n'y résiste point. Mais je sens ma faiblesse.
Il faudra vous combattre et vous craindre sans cesse,
Et sans cesse veiller à retenir mes pas
Que vers vous à toute heure entraînent vos appas
Que dis-je ? En ce moment mon cœur, hors de lui-même
S'oublie et se souvient seulement qu'il vous aime.
[…]

Acte IV, scène 5.

- **Comment le dépit de Bérénice s'exprime-t-il ?**
- **Montrez comment elle passe du dépit au désespoir en étudiant notamment le rythme des vers 9 et 10.**
- **Comment Titus répond-il à la souffrance de Bérénice ?**
- **Montrez comment le lyrisme de ce duo d'amour accentue le tragique de la scène.**

1. Rumeur.
2. Pourquoi me refusez-vous…

II. Dans la comédie

Dom Juan (1665)
Molière (1626-1673)

Dom Juan vient d'être sauvé d'un naufrage par un paysan Pierrot. Il rencontre une paysanne Charlotte.

DOM JUAN, SGANARELLE, CHARLOTTE

[...] DOM JUAN, apercevant Charlotte. *— Ah ! ah ! d'où sort cette autre paysanne, Sganarelle ? As-tu rien vu de plus joli ? et ne trouves-tu pas, dis-moi, que celle-ci vaut bien l'autre ?*
SGANARELLE. — Assurément. (À part) *Autre pièce nouvelle.*
DOM JUAN, à Charlotte. *— D'où me vient, la belle, une rencontre si agréable ? Quoi ? dans ces lieux champêtres, parmi ces arbres et ces rochers, on trouve des personnes faites comme vous êtes ?*
CHARLOTTE. — Vous voyez, Monsieur.
DOM JUAN. — Êtes-vous de ce village ?
CHARLOTTE. — Oui, Monsieur.
DOM JUAN. — Et vous y demeurez ?
CHARLOTTE. — Oui, Monsieur.
DOM JUAN. — Vous vous appelez ?
CHARLOTTE. — Charlotte, pour vous servir.
DOM JUAN. — Ah ! la belle personne, et que ses yeux sont pénétrants
CHARLOTTE. — Monsieur, vous me rendez toute honteuse.
DOM JUAN. — Ah ! n'ayez point de honte d'entendre dire vos vérités. Sganarelle, qu'en dis-tu ? Peut-on rien voir de plus agréable ? Tournez-vous un peu, s'il vous plaît. Ah ! que cette taille est jolie ! Haussez un peu la tête, de grâce. Ah ! que ce visage est mignon ! Ouvrez vos yeux entièrement. Ah ! qu'ils sont beaux ! Que je voie un peu vos dents, je vous prie. Ah ! qu'elles sont amoureuses, et ces lèvres appétissantes ! Pour moi, je suis ravi, et je n'ai jamais vu une si charmante personne.
CHARLOTTE. — Monsieur, cela vous plaît à dire, et je ne sais pas si c'est pour vous railler de moi.
DOM JUAN. — Moi, me railler de vous ? Dieu m'en garde ! je vous aime trop pour cela, et c'est du fond du cœur que je vous parle.
CHARLOTTE. — Je vous suis bien obligée, si ça est.

DOM JUAN. — Point du tout ; vous ne m'êtes point obligée de tout ce que je dis, et ce n'est qu'à votre beauté que vous en êtes redevable.
CHARLOTTE. — Monsieur, tout ça est trop bien dit pour moi, et je n'ai pas d'esprit pour vous répondre.
[...]
DOM JUAN. — Et dites-moi un peu, belle Charlotte, vous n'êtes pas mariée sans doute ?
CHARLOTTE. — Non, Monsieur ; mais je dois bientôt l'être avec Piarrot, le fils de la voisine Simonette.
DOM JUAN. — Quoi ? une personne comme vous serait la femme d'un simple paysan ! Non, non : c'est profaner tant de beautés, et vous n'êtes pas née pour demeurer dans un village. Vous méritez sans doute une meilleure fortune, et le Ciel, qui le connaît bien, m'a conduit ici tout exprès pour empêcher ce mariage, et rendre justice à vos charmes ; car enfin, belle Charlotte, je vous aime de tout mon cœur, et il ne tiendra qu'à vous que je vous arrache de ce misérable lieu, et ne vous mette dans l'état où vous méritez d'être. Cet amour est bien prompt sans doute ; mais quoi ? c'est un effet, Charlotte, de votre grande beauté, et l'on vous aime autant en un quart d'heure qu'on ferait une autre en six mois.
CHARLOTTE. — Aussi vrai, Monsieur, je ne sais comment faire quand vous parlez. Ce que vous dites me fait aise, et j'aurais toutes les envies du monde de vous croire ; mais on m'a toujou dit qu'il ne faut jamais croire les monsieux, et que vous autres courtisans êtes des enjoleus qui ne songez qu'à abuser les filles.
DOM JUAN. — Je ne suis pas de ces gens-là.

Acte II, scène 2.

- **Quelle est la stratégie de Dom Juan pour séduire Charlotte ?**
- **En quoi cet extrait est-il une parodie de duo d'amour ?**

Le Jeu de l'amour et du hasard (1730)
Marivaux (1688-1763)

Pour observer plus à loisir son futur époux Dorante, Silvia a demandé à Lisette, sa femme de chambre, de prendre sa place. Dorante, de son côté, utilise le même subterfuge avec son valet Arlequin. Arlequin,

déguisé en Dorante, fait la cour à Lisette déguisée en Silvia. Chacun ignore la véritable condition de l'autre.

ARLEQUIN, LISETTE

ARLEQUIN. — *Ah ! Madame, sans lui*[1] *j'allais vous dire de belles choses, et je n'en trouverai plus que de communes à cette heure, hormis mon amour qui est extraordinaire ; mais, à propos de mon amour, quand est-ce que le vôtre lui tiendra compagnie ?*

LISETTE. — *Il faut espérer que cela viendra.*

ARLEQUIN. — *Et croyez-vous que cela vienne ?*

LISETTE. — *La question est vive ; savez-vous bien que vous m'embarrassez ?*

ARLEQUIN. — *Que voulez-vous ? Je brûle, et je crie au feu.*

LISETTE. — *S'il m'était permis de m'expliquer si vite...*

ARLEQUIN. — *Je suis du sentiment que vous le pouvez en conscience.*

LISETTE. — *La retenue de mon sexe ne le veut pas.*

ARLEQUIN. — *Ce n'est donc pas la retenue d'à présent qui donne bien d'autres permissions.*

LISETTE. — *Mais, que me demandez-vous ?*

ARLEQUIN. — *Dites-moi un petit brin que vous m'aimez : tenez, je vous aime, moi ; faites l'écho ; répétez, Princesse.*

LISETTE. — *Quel insatiable ! Eh bien, Monsieur, je vous aime.*

ARLEQUIN. — *Eh bien, Madame, je me meurs ; mon bonheur me confond, j'ai peur d'en courir les champs. Vous m'aimez, cela est admirable !*

LISETTE. — *J'aurais lieu à mon tour d'être étonnée de la promptitude de votre hommage. Peut-être m'aimerez-vous moins quand nous nous connaîtrons mieux.*

ARLEQUIN. — *Ah ! Madame, quand nous en serons là j'y perdrai beaucoup, il y aura bien à décompter.*

LISETTE. — *Vous me croyez plus de qualités que je n'en ai.*

ARLEQUIN. — *Et vous, Madame, vous ne savez pas les miennes, et je ne devrais vous parler qu'à genoux.*

LISETTE. — *Souvenez-vous qu'on n'est pas les maîtres de son sort.*

ARLEQUIN. — *Les pères et mères font tout à leur tête.*

LISETTE. — *Pour moi, mon cœur vous aurait choisi, dans quelque état que vous eussiez été*

---

1. Dorante déguisé en Arlequin est venu interrompre leur conversation (scène 4).

ARLEQUIN. — Il a beau jeu pour me choisir encore.
LISETTE. — Puis-je me flatter que vous êtes de même à mon égard ?
ARLEQUIN. — Hélas ! quand vous ne seriez que Perrette ou Margot ; quand je vous aurais vue, le martinet à la main, descendre à la cave, vous auriez toujours été ma Princesse.
LISETTE. — Puissent de si beaux sentiments être durables !
ARLEQUIN. — Pour les fortifier de part et d'autre, jurons-nous de nous aimer toujours, en dépit de toutes les fautes d'orthographe que vous aurez faites sur mon compte.
LISETTE. — J'ai plus d'intérêt à ce serment-là que vous, et je le fais de tout mon cœur.
ARLEQUIN, se met à genoux. — *Votre bonté m'éblouit, et je me prosterne devant elle.*
LISETTE. — Arrêtez-vous ; je ne saurais vous souffrir dans cette posture-là, je serais ridicule de vous y laisser ; levez-vous.[...]

Acte II, scène 5.

- **Montrez que le comique de cette scène naît de l'emploi, par les domestiques, des clichés propres au discours amoureux.**
- **Peut-on dire qu'il y ait dans ce dialogue un meneur de jeu ?**

Travaux d'écriture

- **Écrivez la suite de cette scène en imaginant que Lisette repousse Arlequin. Vous vous efforcerez de garder le registre de langue de cet extrait et les conventions propres au texte théâtral.**

III. Dans le drame

Ruy Blas (1838)
Victor Hugo (1801-1885)

La Reine d'Espagne est jeune et délaissée par son mari. En proie à la haine de Don Salluste, elle est sensible à l'amour d'un jeune homme qu'elle n'a jamais rencontré, dont elle ignore l'identité et qui lui laisse

des fleurs et une lettre sur un banc du parc royal. Il s'est blessé en sautant le mur.

La Reine seule

[...] (Rêvant.)

Oh ! cette main sanglante empreinte sur le mur !
Il s'est donc blessé ? Dieu ! – mais aussi c'est sa faute.
Pourquoi vouloir franchir la muraille si haute ?
Pour m'apporter les fleurs qu'on me refuse ici,
Pour cela, pour si peu, s'aventurer ainsi !
C'est aux pointes de fer qu'il s'est blessé sans doute.
Un morceau de dentelle y pendait. Une goutte
De ce sang répandu pour moi vaut tous mes pleurs.

(S'enfonçant dans sa rêverie.)

Chaque fois qu'à ce banc je vais chercher les fleurs,
Je promets à mon Dieu, dont l'appui me délaisse,
De n'y plus retourner. J'y retourne sans cesse.
– Mais lui ! voilà trois jours qu'il n'est pas revenu.
– Blessé ! – Qui que tu sois, ô jeune homme inconnu,
Toi qui, me voyant seule et loin de ce qui m'aime,
Sans me rien demander, sans rien espérer même,
Viens à moi, sans compter les périls où tu cours ;
Toi qui verses ton sang, toi qui risques tes jours
Pour donner une fleur à la reine d'Espagne ;
Qui que tu sois, ami dont l'ombre m'accompagne,
Puisque mon cœur subit une inflexible loi,
Sois aimé par ta mère et sois béni par moi !

(Vivement et portant la main à son cœur.)

– Oh ! sa lettre me brûle !

(Retombant dans sa rêverie.)

Et l'autre ! l'implacable
Don Salluste ! le sort me protège et m'accable.
En même temps qu'un ange, un spectre affreux me suit ;
Et, sans les voir, je sens s'agiter dans ma nuit,
Pour m'amener peut-être à quelque instant suprême,
Un homme qui me hait près d'un homme qui m'aime.
L'un me sauvera-t-il de l'autre ? je ne sais.
Hélas mon destin flotte à deux vents opposés.
Que c'est faible, une reine, et que c'est peu de chose !
Prions.

(Elle s'agenouille devant la madone.)

– Secourez-moi, madame ! car je n'ose
Élever mon regard jusqu'à vous !
(Elle s'interrompt.)
– O mon Dieu !
La dentelle, la fleur, la lettre, c'est du feu !
(Elle met la main dans sa poitrine et en arrache une lettre froissée, un bouquet desséché de petites fleurs bleues et un morceau de dentelle taché de sang qu'elle jette sur la table, puis elle retombe à genoux.)
Vierge, astre de la mer ! Vierge, espoir du martyre !
Aidez-moi ! [...]

Acte II, scène 2.

En analysant :
- **les destinataires de ce monologue,**
- **l'importance, la place et le rôle des didascalies,**
- **les accessoires nécessaires à la mise en scène de ce monologue,**

vous direz à quelle esthétique appartient cet extrait.

Travail d'écriture

- **Inventez la scène de la première rencontre entre la Reine et Ruy Blas. Vous respecterez les conventions propres au texte théâtral.**

IV. Dans le théâtre contemporain

La guerre de Troie n'aura pas lieu (1935)
Giraudoux (1882-1944)

L'action se passe à Troie. Un envoyé des Grecs vient chercher Hélène, enlevée par le prince troyen Pâris. La guerre menace entre la Grèce et Troie.

ANDROMAQUE, HECTOR

Il l'a prise dans ses bras, l'a amenée au banc de pierre, s'est assis près d'elle. Court silence.

HECTOR. — Ce sera un fils, une fille ?
ANDROMAQUE. — Qu'as-tu voulu créer en l'appelant ?
HECTOR. — Mille garçons... Mille filles...
ANDROMAQUE. — Pourquoi ? Tu Croyais étreindre mille femmes ?... Tu vas être déçu. Ce sera un fils, un seul fils.
HECTOR. — Il y a toutes les chances pour qu'il en soit un... Après les guerres, il naît plus de garçons que de filles.
ANDROMAQUE. — Et avant les guerres ?
HECTOR. — Laissons les guerres, et laissons la guerre... Elle vient de finir. Elle t'a pris un père, un frère, mais ramené un mari.
ANDROMAQUE. — Elle est trop bonne. Elle se rattrapera.
HECTOR. — Calme-toi. Nous ne lui laisserons plus l'occasion. Tout à l'heure, en te quittant, je vais solennellement, sur la place ? fermer les portes de la guerre. Elles ne s'ouvriront plus.
ANDROMAQUE. — Ferme-les. Mais elles s'ouvriront.
HECTOR. — Tu peux même nous dire le jour ?
ANDROMAQUE. — Le jour où les blés seront dorés et pesants, la vigne surchargée, les demeures pleines de couples.
HECTOR. — Et la paix à son comble, sans doute ?
ANDROMAQUE. — Oui. Et mon fils robuste et éclatant.
Hector l'embrasse.
HECTOR. — Ton fils peut être lâche. C'est une sauve garde.
ANDROMAQUE. — Il ne sera pas lâche. Mais je lui aurai coupé l'index de la main droite.
HECTOR. — Si toutes les mères coupent l'index droit de leur fils, les armées de l'univers se feront la guerre sans index... Et si elles lui coupent la jambe droite, les armées seront unijambistes... Et si elles lui crèvent les yeux, les armées seront aveugles, mais il y aura des armées, et dans la mêlée elles se chercheront le défaut de l'aine, ou la gorge, à tâtons...
ANDROMAQUE. — Je le tuerai plutôt.
HECTOR. — Voilà la vraie solution maternelle des guerres.
ANDROMAQUE. — Ne ris pas. je peux encore le tuer avant sa naissance.
HECTOR. — Tu ne veux pas le voir une minute, juste une minute ? Après, tu réfléchiras... Voir ton fils ?
ANDROMAQUE. — Le tien seul m'intéresse. C'est parce qu'il est de toi, c'est parce qu'il est toi que j'ai peur. Tu ne peux t'imaginer combien il te ressemble. Dans ce néant où il est encore, il a déjà

apporté tout ce que tu as mis dans notre vie courante. Il y a tes tendresses, tes silences.

Acte I, scène 3. © DR.

▸ Montrez comment au discours amoureux se superpose le discours contre la guerre.

▸ Précisez ce qui dans la scène relève :
- **de l'humour,**
- **du pathétique,**
- **du tragique.**

Exercices

Travail d'écriture

▸ Après avoir relu l'ensemble des textes du groupement, transposez, en vous référant à l'esthétique de votre choix un extrait de roman en scène de théâtre. Votre texte devra respecter les contraintes de l'écriture théâtrale sans oublier toutes les didascalies nécessaires. Nous vous proposons de choisir le passage de *Madame Bovary* de Flaubert, chap. I, 3e partie, qui commence à « Ils venaient de se joindre les mains » et s'arrête à « "Ah ! pardon", dit-il en se reculant. »

Lectures personnelles conseillées

Molière, *Dom Juan*
Marivaux, *Le Jeu de l'amour et du hasard*
Jean Giraudoux, *La guerre de Troie n'aura pas lieu*

Bibliographie

L'acteur, Jean Duvignaud, L'Archipel, 1965.

Le dialogue moliéresque, Gabriel Conesa, PUF, 1983.

Le dictionnaire du théâtre, Patrice Pavis, Dunod, 1997.

L'esthétique du tableau dans le théâtre au XVIIIe siècle, Pierre Frantz, PUF, 1999.

Histoire de la scène occidentale, Marie-Claude Hubert, « Cursus », Armand Colin, 1992.

Histoire générale et illustrée du théâtre, Lucien Dubech, Librairie de France, 1939.

Le langage dramatique, Pierre Larthomas, PUF, 1997.

Lire la comédie, Michel Corvin, Dunod, 1994.

Lire la tragédie, Alain Couprie, Dunod, 1998.

Mythe et tragédie en Grèce ancienne, Jean-Pierre Vernant, Pierre Vidal-Naquet, François Maspero, 1972.

Naissance de la tragédie, Nietzche, Denoël, 1994.

Poétique, Aristote, Livre de Poche, 1999.

Précis de littérature française par siècle et par genre, Étienne Calais, R. Doucet, Magnard.

Le théâtre, J.-L. Bertrand et al., « Grand Amphi », Bréal, 1996.

Le théâtre, Marie-Claude Hubert, Armand Colin, 1988.

Théâtre aujourd'hui, La tragédie grecque, CNDP, 1992.

Le théâtre en France, sous la direction de Jacqueline de Jomaron, T. 1 et 2, LGF, 1993.

Le théâtre en France, Alain Viala, PUF, 1997.

Le théâtre en France au XVIIIe siècle, Pierre Larthomas, « Que sais je ? », PUF, 1994.

Le théâtre latin, Florence Dupont, Armand Colin, 1988.

Lexique

Adresse : interpellation du public.

Aparté : discours très bref que le personnage s'adresse à soi-même.

Catharsis : but du dramaturge et conséquence de la représentation de la tragédie chez les Grecs : purgation des passions du spectateur qui s'identifie au héros tragique.

Didascalie : indications scéniques qui comprennent la liste des personnages, la description des décors et accessoires ainsi que les modes de jeu des acteurs (didascalies externes). On parle de didascalies internes quand les indications scéniques sont intégrées aux paroles du personnage.

Dramaturge : au sens traditionnel, l'auteur de théâtre ; mais se dit aujourd'hui du conseiller littéraire d'une troupe ou d'un spectacle.

Dramaturgie : règles qui régissent l'écriture et la composition d'une pièce de théâtre et qui peuvent évoluer suivant les époques et les esthétiques.

Identification : processus par lequel le spectateur s'imagine être le personnage représenté.

Illusion, illusionniste : effet de réel produit par la représentation.

Mimésis : imitation parfaite de la réalité à laquelle le dramaturge arrive à faire croire.

Moraliste : écrivain qui, observant les mœurs de son temps, réfléchit sur la condition humaine.

Moralisateur : qui fait la morale.

Pathétique : désigne la compassion du public devant un spectacle émouvant.

Péripétie : changement soudain de situation.

Scénographie : ensemble des éléments qui construisent l'espace scénique, l'espace où a lieu la représentation. On parle de scénographie depuis l'invention de la perspective au XVIe siècle.

Théâtre de boulevard : à l'origine, le théâtre qui se joue sur les boulevards. Au XXe siècle, désigne un théâtre de pur divertissement.

Sommaire

Aubin Imprimeur
LIGUGÉ, POITIERS

Achevé d'imprimer en février 2002
N°d'impression L 63005
Dépôt légal février 2002 / Imprimé en France